文部科学省後援

実用フランス語技能検定試験

2023年度版

# 1級・準1級

## 仏検公式ガイドブック
## 傾向と対策＋実施問題

フランス語教育振興協会編

公益財団法人フランス語教育振興協会

## 音声について

本書の音声は、下記サイトより無料でダウンロード、
およびストリーミングでお聴きいただけます。

https://stream.e-surugadai.com/books/isbn978-4-411-90303-7/

＊ご注意

・PC からでも、iPhone や Android のスマートフォンからでも音声を再生いただけます。
・音声は何度でもダウンロード・再生いただくことができます。
・当音声ファイルのデータにかかる著作権・その他の権利は公益財団法人フランス語教育振興協会（駿河台出版社）に帰属します。無断での複製・公衆送信・転載は禁止されています。

## 別売 CD について

無料音声ダウンロードと同じ内容の別売 CD（1 部 2 千円税・送料込）をご用意しております。ご希望の方は、級・住所・連絡先を記入のうえ、仏検事務局まで現金書留をお送りください。

公益財団法人フランス語教育振興協会　仏検事務局
〒102–0073　千代田区九段北 1–8–1 九段 101 ビル

# ま え が き

21 世紀はグローバル化の時代といわれます。そうであれば、世界から孤立せず、世界と対話し、平和で豊かな未来を切り拓くために、今こそさまざまな外国語をマスターしていくべきではないでしょうか。現代は多言語・多文化の世界へと移行しつつあり、そのなかでお互いを尊重しながら共生を目指すことが要請されているのです。英語一辺倒の方針では限界があるのは明らかでしょう。

世界の言語のなかでもとりわけフランス語は、フランスだけでなく、いくつもの国々や地域で話され、また、国連をはじめとする国際機関の公用語としても使われている重要な言語のひとつです。さらに、フランス語は、人類にとって普遍的な価値や独創的な文化を担ってきた言語でもあります。2021 年に東京で開かれたオリンピック・パラリンピックは、2024 年にはパリで開催されますが、とりわけオリンピックの第一公用語はフランス語です。開会式では、開催国の言語のほかフランス語と英語で出場国が紹介されますが、その際、最初にアナウンスされるのはフランス語なのです。2024 年には、多くの人々がパリを訪れるでしょう。皆さんもこれを機にフランス語を学び、ぜひフランスに触れてみてください。たとえ現地に行かなくとも、いまはインターネットなどさまざまなコミュニケーションの手段があります。かならずや多くの貴重な体験が得られるはずです。

ビジネスの世界では、フランス語圏の企業が次々に日本に進出してくる一方、日本の企業もフランス語圏に広く展開しています。トヨタ、ユニクロ、無印良品のフランス進出などはその典型的な例です。いまや英語ができてあたりまえとされるビジネスの世界にあって、さらにフランス語も使いこなせるとなれば、チャンスがさらに広がることはまちがいないでしょう。他方、フランス語をマスターしてアフリカ諸国で国際協力、援助活動に従事している人も少なくありません。このようにフランス語を学び使いこなせるようになることは、自分の人生をより豊かに生きる道につながります。

日本の学習者を対象とし、文部科学省とフランス大使館文化部の後援を受けて、1981 年以来実施されている「仏検」は、フランス語を聞き・話し・読み・書く能力をバランスよく客観的に評価する検定試験として、ますます高い評価を受けています。1 級・準 1 級・2 級・準 2 級・3 級・4 級・5 級の 7 段階を合わせて、これまで累計 90 万人以上が受験しています。また、大学の単位認定や編入学試験、大学院入試等に利用されるケースも多くなっています（多数の学生が受験している学校のリストが巻末にありますので、ご参照ください）。

本書は、1 級・準 1 級の「傾向と対策」と 2022 年度春季・秋季に実施した試験問題、およびそれについてのくわしくていねいな解説と解答を掲載した公式ガイドブックです。

なお、書き取り・聞き取り試験の音声を無料でダウンロードすることができます（別売の CD をご希望の方は、仏検事務局までお問合せください）。

本書の執筆分担は以下のとおりです（* は各級の監修者）。

1 級：池田潤・井上櫻子 *
準 1 級：倉方健作・寺田寅彦 *

また、本書の別冊として、これまでの実施問題を精選して詳細な解説を施した『セレクション』が級毎に刊行されています。フランス語の実力アップと仏検合格のために、2 つの公式ガイドブックをどうぞご活用ください。

2023 年 3 月

公益財団法人　フランス語教育振興協会

# 目　次

# 実用フランス語技能検定試験　実施要領

実用フランス語技能検定試験（仏検）は、年2回、春季（1次試験6月・2次試験7月）と秋季（1次試験11月・2次試験1月）に実施しております。ただし、1級は春季のみ、準1級は秋季のみの実施です。

2次試験は1級・準1級・2級・準2級の1次試験合格者が対象です。なお、隣り合う2つの級まで併願が可能です。

また、出願の受付期間は、通常、春季は4月から5月中旬、秋季は9月から10月中旬です。

## ◆ 各級の内容

| | | | |
|---|---|---|---|
| 1級（春季のみ） | 《1次》 | 筆記試験（記述式・客観形式併用） | 120分 |
| | | 書き取り・聞き取り試験 | 約40分 |
| | 《2次》 | 面接試験 | 約9分 |
| 準1級（秋季のみ） | 《1次》 | 筆記試験（記述式・客観形式併用） | 100分 |
| | | 書き取り・聞き取り試験 | 約35分 |
| | 《2次》 | 面接試験 | 約7分 |
| 2級 | 《1次》 | 筆記試験（記述式・客観形式併用） | 90分 |
| | | 書き取り・聞き取り試験 | 約35分 |
| | 《2次》 | 面接試験 | 約5分 |
| 準2級 | 《1次》 | 筆記試験（記述式・客観形式併用） | 75分 |
| | | 書き取り・聞き取り試験 | 約25分 |
| | 《2次》 | 面接試験 | 約5分 |
| 3級 | | 筆記試験（客観形式・記述式） | 60分 |
| | | 聞き取り試験 | 約15分 |
| 4級 | | 筆記試験（客観形式） | 45分 |
| | | 聞き取り試験 | 約15分 |
| 5級 | | 筆記試験（客観形式） | 30分 |
| | | 聞き取り試験 | 約15分 |

## ◆ 受験地（2023 年度春季〈予定〉）

**1 次試験** 札幌、弘前、盛岡、仙台、秋田、福島、水戸、宇都宮、群馬、草加、千葉、東京、横浜、新潟、富山、金沢、甲府、松本、岐阜、静岡、名古屋、京都、大阪、奈良、松江、岡山、広島、高松、松山、福岡、長崎、熊本、別府、薩摩川内、沖縄、パリ

**2 次試験** 札幌、盛岡、仙台、群馬、東京、新潟、金沢、静岡、名古屋、京都、大阪、松江、岡山、広島、高松、福岡、長崎、熊本、沖縄、パリ

＊上記の受験地は、季ごとに変更となる可能性があります。また、会場によって実施される級がことなる場合がありますので、くわしくは、最新の仏検受験要項・願書または APEF のホームページをご覧ください。

＊最終的な受験地・試験会場の詳細は、受験票の発送をもってお知らせします。

## ◆ 出願方法　下記の 2 つの方法からお選びください

1. **インターネット申込**：詳細は APEF のホームページをご覧ください。
2. **郵送申込**：受験要項・願書を入手→検定料納入→願書提出、の順でお手続きください。

＊全国の仏検特約書店・大学生協では願書・要項を配布、あわせて検定料の納入を受け付けております。

＊願書・要項は仏検事務局へ電話・E-mail 等で請求なさるか、APEF ホームページよりダウンロードして入手なさってください。

## ◆ 合否の判定とその通知

級によりことなりますが、60～70％の得点率を目安に出題するように努めています。各級の合格基準は、審査委員会がさまざまな条件を総合的に判断して決定しています。

結果通知には合否のほか、合格基準点、合格率とご本人の得点が記載されます。

## ◆ お問い合わせ先

**公益財団法人　フランス語教育振興協会（APEF）　仏検事務局**

〒 102-0073　東京都千代田区九段北 181　九段 101 ビル
TEL:　03-3230-1603　　FAX:　03-3239-3157
E-mail: dapf@apefdapf.org
URL:　https://apefdapf.org

# 2022 年度仏検受験状況

| 級（季） | 出願者数 | 1 次試験 | | | 1 次試験免除者数 | 2 次試験 | | |
|---|---|---|---|---|---|---|---|---|
| | | 受験者数 | 合格者数 | 合格率 | | 受験者数 | 合格者数 | 最終合格率 |
| 1 級 | 451 名 | 415 名 | 53 名 | 12.8% | 5 名 | 53 名 | 45 名 | 10.8% |
| 準 1 級 | 889 名 | 747 名 | 198 名 | 26.5% | 40 名 | 222 名 | 180 名 | 23.3% |
| 2 級（春） | 999 名 | 872 名 | 322 名 | 36.9% | 37 名 | 342 名 | 290 名 | 32.5% |
| （秋） | 1,114 名 | 933 名 | 322 名 | 34.5% | 38 名 | 343 名 | 303 名 | 31.8% |
| 準 2 級（春） | 1,215 名 | 1,039 名 | 636 名 | 61.2% | 60 名 | 673 名 | 579 名 | 53.8% |
| （秋） | 1,289 名 | 1,084 名 | 636 名 | 58.7% | 55 名 | 661 名 | 579 名 | 52.2% |
| 3 級（春） | 2,229 名 | 1,994 名 | 1,055 名 | 52.9% | | | | |
| （秋） | 2,689 名 | 2,388 名 | 1,527 名 | 63.9% | | | | |
| 4 級（春） | 1,704 名 | 1,541 名 | 1,148 名 | 74.5% | | | | |
| （秋） | 2,867 名 | 2,611 名 | 1,993 名 | 76.3% | | | | |
| 5 級（春） | 1,353 名 | 1,255 名 | 1,011 名 | 80.6% | | | | |
| （秋） | 2,078 名 | 1,902 名 | 1,710 名 | 89.9% | | | | |

* 1 級は春季のみ、準 1 級は秋季のみ

# 1級

# 1 級の内容と程度

### ● 程 度

「読む」「書く」「聞く」「話す」という能力を高度にバランスよく身につけ、フランス語を実地に役立てる職業で即戦力となる。ヨーロッパ言語共通参照枠（CEFR）の C1/C2 にほぼ対応しています。

標準学習時間：600 時間以上

### ● 試験内容

| | |
|---|---|
| 読　む | 現代フランスにおける政治・経済・社会・文化の幅広い領域にわたり、新聞や雑誌の記事など、専門的かつ高度な内容の文章を、限られた時間のなかで正確に読み取ることができる。 |
| 書　く | あたえられた日本語をフランス語としてふさわしい文に翻訳できる。その際、時事的な用語や固有名詞についての常識も前提となる。 |
| 聞　く | ラジオやテレビのニュースの内容を正確に把握できる。広く社会生活に必要なフランス語を聞き取る高度な能力が要求される。 |
| 話　す | 現代社会のさまざまな問題について、自分の意見を論理的に述べ、相手と高度な議論が展開できる。 |
| 文法知識 | 文の書きかえ、多義語の問題、前置詞、動詞の選択・活用などについて、きわめて高度な文法知識が要求される。 |

語彙：制限なし

### ● 試験形式

1 次試験（150 点）

| | |
|---|---|
| 筆　記 | 問題数 9 問、配点 100 点。試験時間 120 分。記述式、一部マークシート方式。 |
| 書き取り | 問題数 1 問、配点 20 点。試験時間（下記聞き取りと合わせて）約 40 分。 |
| 聞き取り | 問題数 2 問、配点 30 点。語記入、マークシート方式。 |

2 次試験（50 点）

| | |
|---|---|
| 個人面接試験 | あたえられたテーマのなかから 1 つを選び、論述と質疑応答をおこなう。<br>試験時間約 9 分。 |

# 1級の傾向と対策

「1級の内容と程度」(p.13) にも示すように、仏検1級は、合格者のフランス語運用能力が、「フランス語を実地に役立てる職業で即戦力となる」レベルにあることを認定するもので、実際に2013年度から、1級合格者に対して、通訳案内士外国語筆記試験が免除されています。

標準学習時間は「600時間以上」とされていますが、この数字はあくまで目安にすぎず、1級の試験では、受験者が、どこまでフランス語という言語で考え、また表現することにこだわりをもっているか、という点が如実にためされることになります。たとえば文章の読解にしても、1級の試験が前提にしているのは、フランス語を日本語に置きかえるのではなく、フランス語をフランス語のまま理解し、場合によっては文章の行間にも目を向けて言外のニュアンスを汲み取るということですから、付け焼き刃の知識では歯が立たないことは言うまでもありません。とはいえ、試験である以上、出題には一定の傾向があり、とりわけ1次試験の場合、過去の問題にあたって出題の要点をおさえておくことは有効な対策になるはずです。

1級の1次試験 (150点満点) は、

筆記試験 1 〜 9 (100点満点)
書き取り (20点満点)
聞き取り 1、2 (30点満点)

の12の大問から構成されています。

このうち筆記 1 (名詞化) および 9 (和文仏訳) では**文または文章の構成力**が、筆記 2 (多義語)、3 (前置詞) および 4 (時事用語・常用語) では主として**語彙の知識**が問われることになりますが、筆記 5 (動詞活用)、6 (長文完成)、7 (内容一致)、8 (日本語要約) および書き取り、聞き取り 1、2 では、問題の形式はそれぞれことなるものの、いずれも**長文の内容の把握**が解答の前提になります。見方を変えて言えば、1級の試験では、ほとんどの設問で**文脈の理解**と内容の**パラフレーズ**のいずれか —— または その双方 —— が問題になるということです。以下、この点を念頭に置いたうえで、2022年度の「問題と解説」を熟読し、それぞれの問題の解法の要点をおさえるようにしてください。また、1次試験の各問については、本書の別冊である『仏検公式ガイドブック1級セレクション』にくわしい分析と解説がありますので、ぜひこちらも参照してください。

なお、1級1次試験の合格基準点は、例年、85～90点前後（得点率56～60％程度）で推移しており、およそ6割の得点率が1次試験突破の目安と言ってよいでしょう。

解答用紙（雛型）（67%縮小）

表面

# 2022年度　春季　実用フランス語技能検定試験（1級）筆記試験　解答用紙

| 会場名 |
| --- |
| |
| **氏名** |
| |

| 会場コード | | | | | |
| --- | --- | --- | --- | --- | --- |
| | | | | | |
| ⓪ | ⓪ | ⓪ | ⓪ | ⓪ | ⓪ |
| ① | ① | ① | ① | ① | ① |
| ② | ② | ② | ② | ② | ② |
| ③ | ③ | ③ | ③ | ③ | ③ |
| ④ | ④ | ④ | ④ | ④ | ④ |
| ⑤ | ⑤ | ⑤ | ⑤ | ⑤ | ⑤ |
| ⑥ | ⑥ | ⑥ | ⑥ | ⑥ | ⑥ |
| ⑦ | ⑦ | ⑦ | ⑦ | ⑦ | ⑦ |
| ⑧ | ⑧ | ⑧ | ⑧ | ⑧ | ⑧ |
| ⑨ | ⑨ | ⑨ | ⑨ | ⑨ | ⑨ |

| 受験番号 | | | | | | | |
| --- | --- | --- | --- | --- | --- | --- | --- |
| | | | | | | | |
| ⓪ | ⓪ | ⓪ | ⓪ | ⓪ | ⓪ | ⓪ | ⓪ |
| ① | ① | ① | ① | ① | ① | ① | ① |
| ② | ② | ② | ② | ② | ② | ② | ② |
| ③ | ③ | ③ | ③ | ③ | ③ | ③ | ③ |
| ④ | ④ | ④ | ④ | ④ | ④ | ④ | ④ |
| ⑤ | ⑤ | ⑤ | ⑤ | ⑤ | ⑤ | ⑤ | ⑤ |
| ⑥ | ⑥ | ⑥ | ⑥ | ⑥ | ⑥ | ⑥ | ⑥ |
| ⑦ | ⑦ | ⑦ | ⑦ | ⑦ | ⑦ | ⑦ | ⑦ |
| ⑧ | ⑧ | ⑧ | ⑧ | ⑧ | ⑧ | ⑧ | ⑧ |
| ⑨ | ⑨ | ⑨ | ⑨ | ⑨ | ⑨ | ⑨ | ⑨ |

**記入およびマークについての注意事項**

1. 解答にはかならずHBまたはBの黒鉛筆（シャープペンシルも可）を使用してください。ボールペンや万年筆等でマークした解答は機械による読み取りの対象とならないため、採点されません。
2. 記入は**太線の枠内**に、マークは◯の中を**正確に塗りつぶしてください**（下記マーク例参照）。
採点欄は塗りつぶさないでください。
3. 訂正の場合は、プラスチック製消しゴムできれいに消してください。
4. **解答用紙を折り曲げたり、破ったり、汚したりしないでください。**

マーク例

| 良い例 | 悪い例 |
| --- | --- |
| ● | ◔ ⊠ ◉ ✓ ◑ ⊛ |

**1**

| 解答番号 | 解答欄 | 採点欄 |
| --- | --- | --- |
| (1) | | ⓪ ① ② ③ |
| (2) | | ⓪ ① ② ③ |
| (3) | | ⓪ ① ② ③ |
| (4) | | ⓪ ① ② ③ |

**2**

| 解答番号 | 解答欄 | 採点欄 |
| --- | --- | --- |
| (1) | | ② ⓪ |
| (2) | | ② ⓪ |
| (3) | | ② ⓪ |
| (4) | | ② ⓪ |

**3**

| 解答番号 | 解答欄 |
| --- | --- |
| (1) | ① ② ③ ④ ⑤ ⑥ ⑦ ⑧ |
| (2) | ① ② ③ ④ ⑤ ⑥ ⑦ ⑧ |
| (3) | ① ② ③ ④ ⑤ ⑥ ⑦ ⑧ |
| (4) | ① ② ③ ④ ⑤ ⑥ ⑦ ⑧ |

**4**

| 解答番号 | 解答欄 | 採点欄 |
| --- | --- | --- |
| (1) | | ① ⓪ |
| (2) | | ① ⓪ |
| (3) | | ① ⓪ |
| (4) | | ① ⓪ |
| (5) | | ① ⓪ |

**5**

| 解答番号 | 解答欄 | 採点欄 |
| --- | --- | --- |
| (1) | | ② ⓪ |
| (2) | | ② ⓪ |
| (3) | | ② ⓪ |
| (4) | | ② ⓪ |
| (5) | | ② ⓪ |

**6**

| 解答番号 | 解答欄 |
| --- | --- |
| (1) | ① ② ③ ④ ⑤ ⑥ ⑦ ⑧ |
| (2) | ① ② ③ ④ ⑤ ⑥ ⑦ ⑧ |
| (3) | ① ② ③ ④ ⑤ ⑥ ⑦ ⑧ |
| (4) | ① ② ③ ④ ⑤ ⑥ ⑦ ⑧ |
| (5) | ① ② ③ ④ ⑤ ⑥ ⑦ ⑧ |

**7**

| 解答番号 | 解答欄 |
| --- | --- |
| (1) | ① ② |
| (2) | ① ② |
| (3) | ① ② |
| (4) | ① ② |
| (5) | ① ② |
| (6) | ① ② |

**8**

| 解答番号 | 採点欄 |
| --- | --- |
| (1) | ⓪ ① ② ③ ④ ⑤ |
| (2) | ⓪ ① ② ③ ④ ⑤ |
| (3) | ⓪ ① ② ③ ④ ⑤ |

**9**

| 採点欄 |
| --- |
| ⓪ ① ② ③ ④ ⑤ ⑥ ⑦ ⑧ ⑨ |
| ⑩ ⑪ ⑫ ⑬ ⑭ ⑮ ⑯ ⑰ ⑱ ⑲ ⑳ |

**8 9 の解答欄は裏面にあります。**

裏面

8

（1）

（2）

（3）

9

表面

# 2022年度　春季　実用フランス語技能検定試験（1級）書き取り／聞き取り　試験　解答用紙

| 会　場　名 |
|---|
| |

| 氏　名 |
|---|
| |

| 会場コード | | | | | |
|---|---|---|---|---|---|
| | | | | | |
| ⓪ | ⓪ | ⓪ | ⓪ | ⓪ | ⓪ |
| ① | ① | ① | ① | ① | ① |
| ② | ② | ② | ② | ② | ② |
| ③ | ③ | ③ | ③ | ③ | ③ |
| ④ | ④ | ④ | ④ | ④ | ④ |
| ⑤ | ⑤ | ⑤ | ⑤ | ⑤ | ⑤ |
| ⑥ | ⑥ | ⑥ | ⑥ | ⑥ | ⑥ |
| ⑦ | ⑦ | ⑦ | ⑦ | ⑦ | ⑦ |
| ⑧ | ⑧ | ⑧ | ⑧ | ⑧ | ⑧ |
| ⑨ | ⑨ | ⑨ | ⑨ | ⑨ | ⑨ |

| 受験番号 | | | | | | | |
|---|---|---|---|---|---|---|---|
| | | | | | | | |
| ⓪ | ⓪ | ⓪ | ⓪ | ⓪ | ⓪ | ⓪ | ⓪ |
| ① | ① | ① | ① | ① | ① | ① | ① |
| ② | ② | ② | ② | ② | ② | ② | ② |
| ③ | ③ | ③ | ③ | ③ | ③ | ③ | ③ |
| ④ | ④ | ④ | ④ | ④ | ④ | ④ | ④ |
| ⑤ | ⑤ | ⑤ | ⑤ | ⑤ | ⑤ | ⑤ | ⑤ |
| ⑥ | ⑥ | ⑥ | ⑥ | ⑥ | ⑥ | ⑥ | ⑥ |
| ⑦ | ⑦ | ⑦ | ⑦ | ⑦ | ⑦ | ⑦ | ⑦ |
| ⑧ | ⑧ | ⑧ | ⑧ | ⑧ | ⑧ | ⑧ | ⑧ |
| ⑨ | ⑨ | ⑨ | ⑨ | ⑨ | ⑨ | ⑨ | ⑨ |

**記入およびマークについての注意事項**

1. 解答にはかならずHBまたはBの黒鉛筆（シャープペンシルも可）を使用してください。ボールペンや万年筆等でマークした解答は機械による読み取りの対象とならないため、採点されません。
2. 記入は**太線の枠内**に、マークは◯の中を**正確に塗りつぶしてください**（下記マーク例参照）。
   採点欄は塗りつぶさないでください。
3. 訂正の場合は、プラスチック製消しゴムできれいに消してください。
4. **解答用紙を折り曲げたり、破ったり、汚したりしないでください。**

マーク例

| 良い例 | 悪い例 |
|---|---|
| ● | ◯ ☒ ◯ ◯ ◐ ◯ |

## 書き取り試験注意事項　（書き取り試験解答欄は裏面にあります。）

フランス語の文章を、次の要領で3回読みます。全文を書き取ってください。

・1回目は、ふつうの速さで全文を読みます。内容をよく理解するようにしてください。
・2回目は、ポーズをおきますから、その間に書き取ってください（句読点も読みます）。
・最後に、もう1回ふつうの速さで全文を読みます。
・読み終わってから3分後に、聞き取り試験にうつります。
・数を書く場合は、算用数字で書いてかまいません。（配点　20）

書き取り試験

| 採　点　欄 |
|---|
| ⓪ ① ② ③ ④ ⑤ ⑥ ⑦ ⑧ ⑨ |
| ⑩ ⑪ ⑫ ⑬ ⑭ ⑮ ⑯ ⑰ ⑱ ⑲ ⑳ |

## 聞き取り試験

**1**

| 解答番号 | 解　答　欄 | 採点欄 |
|---|---|---|
| (1) | | ② ⓪ |
| | | ② ⓪ |
| (2) | | ② ⓪ |
| | | ② ⓪ |
| (3) | | ② ⓪ |
| | | ② ⓪ |
| (4) | | ② ⓪ |
| | | ② ⓪ |
| (5) | | ② ⓪ |
| | | ② ⓪ |

**2**

| 解答番号 | 解　答　欄 | 解答番号 | 解　答　欄 |
|---|---|---|---|
| (1) | ① ② | (6) | ① ② |
| (2) | ① ② | (7) | ① ② |
| (3) | ① ② | (8) | ① ② |
| (4) | ① ② | (9) | ① ② |
| (5) | ① ② | (10) | ① ② |

裏面

# 1級書き取り試験　解答欄

# 2022年度春季
# 実用フランス語技能検定試験
# 筆記試験問題冊子　〈 1 級 〉

**問題冊子は試験開始の合図があるまで開いてはいけません。**

| | |
|---|---|
| 筆　記　試　験 | 10 時 20 分 ～ 12 時 20 分<br>(休憩 20 分) |
| 書き取り<br>聞き取り 試験 | 12 時 40 分から約 40 分間 |

◇**筆記試験と書き取り・聞き取り試験の双方を受験しないと欠席になります。**

◇問題冊子は表紙を含め 12 ページ、全部で 9 問題です。

**注　意　事　項**

1　途中退出はいっさい認めません。

2　筆記用具は **HB または B の黒鉛筆** (シャープペンシルも可) を用いてください。ボールペンや万年筆等でマークした解答は機械による読み取りの対象とならないため、採点されません。

3　解答用紙の所定欄に、**受験番号**と**カナ氏名**が印刷されていますから、まちがいがないか、**確認**してください。

4　**マーク式の解答は、解答用紙の解答欄にマークしてください**。たとえば、3の (1) に対して ③ と解答する場合は、次の例のように解答欄の ③ にマークしてください。

例 3

| 解答番号 | 解　答　欄 |
|---|---|
| (1) | ① ② ● ④ ⑤ ⑥ ⑦ ⑧ |

5　記述式の解答の場合、正しく判読できない文字で書かれたものは採点の対象となりません。

6　解答に関係のないことを書いた答案は無効にすることがあります。

7　解答用紙を折り曲げたり、破ったり、汚したりしないように注意してください。

8　問題内容に関する質問はいっさい受けつけません。

9　不正行為者はただちに退場、それ以降および来季以後の受験資格を失うことになります。

10　**携帯電話等の電子機器の電源はかならず切って、かばん等にしまってください。**通信機能のある時計は使用を禁じます。

11　**時計のアラームは使用しないでください。**

12　この試験問題の複製 (コピー) を禁じます。また、この試験問題の一部または全部を当協会の許可なく他に伝えたり、漏えいしたりすることを禁じます (インターネットや携帯サイト等に掲載することも含みます)。

**1**　例にならい、次の (1) ～ (4) のイタリック体の部分を名詞を使った表現に変え、全文をほぼ同じ内容の文に書きあらためて、解答欄に書いてください。(配点 12)

(例)：Pourquoi *a*-t-on *renvoyé* Jacques ?
→(解答)：Quelles sont les raisons du renvoi de Jacques ?

(1) J'ai été *stupéfaite* de sa réponse.

(2) Le tourisme est le seul secteur qui puisse *relever* économiquement ce pays.

(3) Notre entretien a été *bref* mais fructueux.

(4) Selon certains experts, on ne devrait plus *attribuer* ces tableaux à Monet.

(解説・解答 ▶ p.40)

**2** 次の (1) ～ (4) について、**A**、**B** の (　　) 内には同じつづりの語が入ります。(　　) 内に入れるのにもっとも適切な語 (各 1 語) を、解答欄に書いてください。( 配点　8 )

(1) **A** Cette équipe a (　　) plusieurs défaites avant de devenir championne.
**B** Le barman a (　　) le comptoir avec un chiffon.

(2) **A** De plus en plus de commerçants refusent le (　　) par chèque.
**B** Les deux chefs d'État ont négocié un (　　) définitif du problème frontalier.

(3) **A** Le pays est incapable d'(　　) ses infrastructures vieillissantes.
**B** Vous devriez (　　) de meilleures relations avec vos voisins.

(4) **A** Le vieillard était (　　) d'oreille.
**B** Son collègue est (　　) à cuire.

（解説・解答 ▶ p.42）

## 3

次の (1) ～ (4) の (　　) 内に入れるのにもっとも適切なものを、下の ① ～ ⑧ のなかから 1 つずつ選び、解答欄のその番号にマークしてください。ただし、同じものを複数回用いることはできません。( 配点　8 )

(1) Aujourd'hui, au sud de la Loire, la température atteint (　　) endroits 40 degrés.

(2) Il a refusé de répondre, en se retranchant (　　) le secret professionnel.

(3) Je travaille (　　) l'année dans cette usine.

(4) Mon patriotisme ne le cède (　　) rien au vôtre.

① à　② depuis　③ derrière　④ devant
⑤ en　⑥ entre　⑦ par　⑧ sur

(解説・解答 ▶ p.44)

## 4

次の日本語の表現 (1) ～ (5) に対応するフランス語の表現は何ですか。(　　) 内に入れるのにもっとも適切な語 ( 各 1 語 ) を、解答欄に書いてください。( 配点　5 )

(1) 医療ひっ迫　　la pression (　　)

(2) 管楽器　　les instruments à (　　)

(3) 警官隊　　les forces de l'(　　)

(4) 食品ロス　　le (　　) alimentaire

(5) 風力エネルギー　　l'énergie (　　)

(解説・解答 ▶ p.45)

**5** 次の文章を読み、( 1 ) ～ ( 5 ) に入れるのにもっとも適切なものを、下の語群から1つずつ選び、必要な形にして解答欄に書いてください。ただし、同じものを複数回用いることはできません。(配点 10)

Un fait divers endeuille à nouveau le quartier. Un homme de 31 ans ( 1 ) dans un tragique accident de la route mardi dernier. Les faits se sont déroulés peu avant 19 heures, à l'angle du boulevard des Belges et de la rue des Acacias, alors que la personne circulait à trottinette électrique. Malgré leur intervention rapide, les médecins du SAMU n'ont pas pu sauver la victime.

Une enquête a immédiatement été ouverte pour déterminer avec précision les causes du drame. Les enquêteurs ( 2 ) sur les images des caméras de surveillance installées au carrefour. Celles-ci ont montré que le trentenaire à trottinette ( 3 ) un feu rouge. Juste à ce moment-là, un autobus ( 4 ) en sens inverse arrivait à l'intersection. Le choc fatal a eu lieu à l'avant droit du bus.

Plus de 25 sapeurs-pompiers ont dû intervenir pour dégager le corps du malheureux, qui avait été projeté sous une voiture. La conductrice de l'autobus ( 5 ) pour savoir si elle ne conduisait pas sous l'emprise de drogues ou d'alcool, mais les résultats se sont révélés négatifs.

| | | | |
|---|---|---|---|
| griller | mourir | réaliser | reculer |
| rouler | se demander | se pencher | tester |

(解説・解答 ▶ p.47)

**6**　次の文章を読み、( 1 ) ～ ( 5 ) に入れるのにもっとも適切なものを、右のページの ① ～ ⑧ のなかから1つずつ選び、解答欄のその番号にマークしてください。なお、① ～ ⑧ では、文頭にくるものも小文字にしてあります。(配点 10)

L'Agence du Changement écologique (ACE) traduit les effets de la pollution sonore en coûts pour la société. En 2017, la facture s'élevait déjà à 60 milliards d'euros mais depuis, elle a grimpé en flèche ( 1 ) de 160 milliards d'euros.

En France, 26 millions de personnes sont touchées par les effets de la pollution sonore, 10 millions étant surexposées avec des effets chroniques sur leur santé. Une étude relève par exemple que 640 000 cas de maladies cardio-vasculaires sont imputables au bruit (pour un coût de 19,6 milliards d'euros en soins et en médication), dont 2 700 décès directement ( 2 ). De même, l'exposition au bruit serait responsable de 1,5 million de cas d'obésité, ce qui représente 19 milliards d'euros.

L'ACE et ses partenaires ont identifié trois sources de bruit qui gênent les Français : les transports, le voisinage et le travail. Sans surprise, ce sont les transports qui sont la principale source de pollution sonore, mais il faut rappeler que les bruits de voisinage sont ( 3 ), qu'il s'agisse de chantiers, d'espaces d'activité comme les bars et les terrasses, ou bien de voisins tapageurs. Ils peuvent même entraîner des troubles anxio-dépressifs ( 4 ) le repos. Quant au travail, l'ACE estime que 280 000 années de productivité ont été perdues à cause du bruit.

( 5 ), les scientifiques et ingénieurs ont identifié plusieurs leviers. Par exemple, végétaliser les villes et les bâtiments, limiter le trafic, mettre en place des mesures de réduction des émissions sonores sur les chantiers ou encore travailler à l'isolation acoustique des bâtiments.

① à peine perceptibles dans la pratique

② en affectant grandement

③ en coupant le montant

④ liés au facteur de la pollution sonore

⑤ pour friser aujourd'hui la somme astronomique

⑥ pour remédier à ce problème

⑦ sans prendre en compte

⑧ vraiment mal vécus par les Français

（解説・解答 ▶ p.50）

**7**　次の文章を読み、右のページの (1) ～ (6) について、文章の内容に一致する場合は解答欄の ① に、一致しない場合は ② にマークしてください。(配点　12)

Avec ses 500 mètres de diamètre, Bennu, découvert en 1999, est l'un des deux astéroïdes de notre système solaire posant le plus de risques de collision avec la Terre. Une sonde a passé deux ans en orbite autour de Bennu, qu'elle a quitté en mai 2021 pour en rapporter des échantillons récoltés lors d'un contact de quelques secondes avec le sol, et qui arriveront sur Terre en 2023. La mission a permis d'étudier de très près l'astéroïde, et d'améliorer considérablement les prédictions sur sa trajectoire future. Les scientifiques ont conclu que les chances d'une collision avec la Terre d'ici 2300 n'étaient que de 0,06 %. Cela veut dire qu'il y a 99,94 % de chances que Bennu ne soit pas sur une trajectoire d'impact. Mais pourquoi n'est-on pas sûr de la chose à 100 % ?

En 2135, Bennu passera très près de la Terre, à seulement la moitié de la distance séparant notre planète de la Lune. Cela lui donnera la possibilité de traverser ce qu'on appelle un « trou de serrure gravitationnel », zone qui altèrerait légèrement l'orbite de l'astéroïde à cause de l'influence gravitationnelle de notre planète, le mettant ainsi sur une trajectoire de collision. Avant la mission, 26 « trous de serrure » semblaient se trouver sur le chemin de Bennu en 2135, mais grâce aux analyses permises par la sonde, les scientifiques en ont finalement exclu 24. Restent les deux derniers.

Selon les calculs, la date la plus probable d'impact serait alors 2182. S'il arrivait, l'événement serait catastrophique. Généralement, la taille d'un cratère est de 10 à 20 fois la taille de l'objet ; donc pour Bennu, un trou de 5 à 10 km de diamètre, avec une zone de destruction représentant jusqu'à 100 fois la taille de la cavité.

(1) Dans un trou de serrure gravitationnel, la trajectoire de l'astéroïde recevra une influence de la Terre.

(2) D'après les scientifiques, Bennu pourrait heurter la Terre en 2182.

(3) La sonde qui était allée chercher des données n'a pas réussi à atterrir sur Bennu.



(4) On sait qu'il y a deux trous de serrure gravitationnels que Bennu risque de traverser en 2135.

(5) Si Bennu heurte la Terre, la zone de destruction fera entre 5 000 et 10 000 km de diamètre.

(6) Si l'on excepte Bennu, deux autres astéroïdes risquent de heurter notre planète.

(解説・解答 ▶ p.52)

**8** 次の文章を読み、右のページの (1) ～ (3) に、指示にしたがって**日本語**で答えてください。句読点も字数に数えます。

**解答欄は解答用紙の裏面にあります**。( 配点　15 )

Faut-il parler de « bac au rabais » lorsque des entorses ont lieu dans le déroulement traditionnel des épreuves ? Certains le disent tout bas pour le baccalauréat de 2021. L'historien de l'éducation Claude Picot pense tout autre chose. En fait, il a examiné le bac de 1968. Cette année-là, en raison des événements de mai, les épreuves avaient été organisées dans l'urgence après la fin du mouvement. Elles avaient été réduites à un simple oral portant sur les matières principales et un test d'éducation physique. 81 % des candidats avaient été reçus, score nettement plus élevé que la moyenne de l'époque puisqu'ils n'étaient que 62 % lors de la session de 1967.

Claude Picot a également utilisé un rapport de 2005 sur le parcours des bacheliers de 1968. Chiffres à l'appui, l'auteur du rapport parle d'un « destin économique et social inespéré ». Avec des étudiants plus nombreux à intégrer l'université, cette tendance s'est ensuite traduite par un surcroît de salaire et de réussite professionnelle en comparaison avec la moyenne des années 1960-67. Dans les années 1990, les enquêtes sur l'emploi de l'INSEE signalaient que la probabilité de devenir cadre s'était accrue pour les jeunes soixante-huitards de 10 % par année d'études validée, chaque année passée à l'université ayant pour effet d'augmenter en moyenne le salaire de 14 %.

Se basant sur plusieurs comptes-rendus établis dans les années 1990-2000, Claude Picot s'est par ailleurs intéressé au destin des enfants dont les pères avaient un « bac 68 » en les confrontant à celui des enfants des générations précédentes et suivantes. La conclusion de cette mise en perspective s'est avérée surprenante : les filles et fils de ces bacheliers ont moins redoublé que les autres enfants, notamment au lycée, chaque année de formation supérieure suivie par les pères se traduisant mécaniquement par une diminution du risque de redoubler de 30 % pour leurs enfants.

Il n'est toutefois pas certain que ces résultats souvent méconnus soient de nature à rassurer les candidats de 2021 au baccalauréat.

(1)　筆者によれば、1968 年のバカロレアの、例年にない特殊な点は何ですか。( 35 字以内 )

(2)　筆者によれば、1968 年のバカロレア取得者を親にもつ子どもたちに見られる特色は何ですか。( 35 字以内 )

(3)　2005 年の報告にもとづくと、2021 年のバカロレア取得者はどのような将来が期待できると筆者は述べていますか。( 25 字以内 )



(解説・解答 ▶ p.54)

**9**

次の文章をフランス語に訳してください。

**解答欄は解答用紙の裏面にあります**。( 配点　20 )

きのうの晩帰宅すると、家のなかがとてもにぎやかだった。近くに住んでいる弟の家族が顔を見せにきていたのだ。甥《おい》っ子は 6 歳になったばかりで、来年からは小学校だ。子どもの成長は早いものだとつくづく思った。

（解説・解答 ▶ p.57）

# 2022年度春季
# 実用フランス語技能検定試験
# 聞き取り試験問題冊子　〈１級〉

書き取り・聞き取り試験時間は、
12 時 40 分から約 40 分間

**先に書き取り試験をおこないます。解答用紙表面の書き取り試験注意事項をよく読んでください。書き取り試験解答欄は裏面にあります。**

**この冊子は指示があるまで開かないでください。**

**◇筆記試験と書き取り・聞き取り試験の双方を受験しないと欠席になります。**

◇問題冊子は表紙を含め 4 ページ、全部で 2 問題です。

**書き取り・聞き取り試験注意事項**

1　途中退出はいっさい認めません。

2　書き取り・聞き取り試験は、CD・テープでおこないます。

3　解答用紙の所定欄に、**受験番号**と**カナ氏名**が印刷されていますから、まちがいがないか、**確認**してください。

4　CD・テープの指示にしたがい、中を開いて、日本語の説明をよく読んでください。フランス語で書かれた部分にも目を通しておいてください。

5　解答はすべて別紙の書き取り・聞き取り試験解答用紙の解答欄に、**HB または B の黒鉛筆**（シャープペンシルも可）で記入またはマークしてください。ボールペンや万年筆等でマークした解答は機械による読み取りの対象とならないため、採点されません。

6　問題内容に関する質問はいっさい受けつけません。

7　**携帯電話等の電子機器の電源はかならず切って、かばん等にしまってください。**通信機能のある時計は使用を禁じます。

8　**時計のアラームは使用しないでください。**

9　この試験問題の複製（コピー）を禁じます。また、この試験問題の一部または全部を当協会の許可なく他に伝えたり、漏えいしたりすることを禁じます（インターネットや携帯サイト等に掲載することも含みます）。

# 書き取り・聞き取り試験

（試験時間：約40分間）

## 書き取り試験

**注意事項**

フランス語の文章を、次の要領で3回読みます。全文を書き取ってください。

- 1回目は、ふつうの速さで全文を読みます。内容をよく理解するようにしてください。
- 2回目は、ポーズをおきますから、その間に書き取ってください（句読点も読みます）。
- 最後に、もう1回ふつうの速さで全文を読みます。
- 読み終わってから3分後に、聞き取り試験にうつります。
- 数を書く場合は、算用数字で書いてかまいません。（配点　20）

［ 音声を聞く順番 ］ 01 → 02 → 01

（解説・解答 ▶ p.60）

## 聞き取り試験

**1**

- まず、Alex と Julie の対話を聞いてください。
- つづいて、それについての5つの質問を読みます。
- もう1回、対話を聞いてください。
- もう1回、5つの質問を読みます。1問ごとにポーズをおきますから、その間に、答えを解答用紙の解答欄にフランス語で書いてください。
- それぞれの（　　）内に1語入ります。
- 答えを書く時間は、1問につき10秒です。
- 最後に、もう1回対話を聞いてください。
- 数を記入する場合は、算用数字で書いてください。

（メモは自由にとってかまいません）（配点　20）

［ 音声を聞く順番 ］ 03 → 04 → 03 → 05 → 03

(1) Il a cru qu'elle (　　) des (　　).

(2) Elle (　　) la (　　).

(3) Parce qu'elle avait besoin de (　　) et d'(　　).

(4) Elle lit des (　　) et (　　) la musique de ballets.

(5) Elle le trouve (　　) de se (　　).



(解説・解答 ▶ p.63)

**2**

- まず、あるニュースを 2 回聞いてください。
- 次に、その内容について述べた文 (1) ～ (10) を 2 回通して読みます。それぞれの文がニュースの内容に一致する場合は解答欄の ① に、一致しない場合は ② にマークしてください。
- 最後に、もう 1 回 ニュースを聞いてください。
  (メモは自由にとってかまいません) (配点 10)

[ 音声を聞く順番 ] 06 → 06 → 07 → 07 → 06

(解説・解答 ▶ p.68)

# 2 次 試 験

## 試験方法

○ 2 次試験は個人面接です（面接時間は 9 分）。

○各自の試験開始予定時刻 3 分前にテーマを 2 題渡します。この 3 分間に渡された 2 題のテ―マのうち、いずれか 1 題について考えをまとめておいてください。

○指示にしたがい試験室に入室し、はじめに氏名の確認がありますから、フランス語で答えてください。

○次に選択したテーマについて、3 分間、フランス語で自由に述べてください。つづいてその内容についてフランス語で質問がありますから、フランス語で答えてください。時間の余裕があれば、一般会話をおこなうことがあります。

＊注意＊
- テーマが渡されてから、辞書・参考書類を使ったり、音読したり、他の人と相談したりしないでください。
- 試験室入室前に携帯電話の電源を切ってください。

2022 年度は以下の問題のうちから、試験本部が選択したものを会場でお渡ししました。

次のテーマのうち、いずれか1題について考えをまとめておいてください。

**【日本】**

**1.**

**A)** Pensez-vous que l’Europe a trop vite baissé la garde contre le Covid ?

**B)** Selon vous, comment peut-on lutter contre le gaspillage alimentaire ?

**2.**

**A)** Que pensez-vous du résultat des dernières élections présidentielles et législatives en France ?

**B)** Les règlements des écoles secondaires japonaises sont souvent jugés trop stricts. Qu’en pensez-vous ?

（解説 ▶ p.73）

# 2022 年度 1 級

2022 年度の出願者は 451 名（うち受験者は 415 名）で、1 次試験の合格者は 53 名、対実受験者の合格率は 12.8%でした。これに 1 次試験免除者 5 名を加えた対象者のうち 53 名が 2 次試験を受験し、1 次試験・2 次試験の両方に合格した最終合格者数は 45 名、対実受験者の最終合格率は 10.8%となっています。

1 次試験の平均点は 74 点（満点は 150 点）、得点率は 49%で、過去 5 回の平均（それぞれ 67 点および 45%）を上まわりました。

# 出題内容のあらまし

**1 次 [筆記]**

[1] 動詞・形容詞の名詞化（全文書きかえ・記述）
[2] 多義語（穴うめ・記述）
[3] 前置詞（穴うめ・選択）
[4] 時事用語・常用語（穴うめ・記述）
[5] 説明文（電動キックボードの事故／動詞を選択活用・記述）
[6] 説明文（騒音がもたらす社会的損失／穴うめ・選択）
[7] 説明文（地球に衝突する可能性があるとされる小惑星ベンヌ／内容一致・選択）
[8] 説明文（1968 年のバカロレア取得者についての調査から予測する 2021 年のバカロレア取得者の未来／日本語による内容要約・記述）
[9] 和文仏訳（幼い甥《おい》っ子の成長の早さに対する驚き／記述）

**[書き取り]** 説明文（単独世界一周飛行の女性としての最年少記録を樹立しようと試みるパイロット）

**[聞き取り]**

[1] インタビュー（ピアノを売り、新たな方法で作曲のインスピレーションを得るようになった女性／穴うめ・記述）
[2] 報道ニュース（警察官の女性に感謝の意を伝えるため花束を贈った若者／内容一致・選択）

**2 次 [面接]**（個人面接方式：受験者による exposé（口頭論述）と質疑応答）
下記のテーマから 1 つを選択（国内）

1. ヨーロッパにおけるコロナ対策緩和／食品ロスへの対策
2. フランスの大統領選および国民議会選挙／日本の中学・高校の校則

# 1 次 試 験

## 筆記試験

**解説・解答**

**1** **解説** 文中のイタリック体で示された動詞、形容詞、副詞を派生関係にある名詞に置きかえ、全文をほぼ同じ意味の文に書きかえる問題です。派生関係にある語彙の知識はもちろん、名詞化にともなう構文の変換にも注意が必要です。

**(1)** J'ai été *stupéfaite* de sa réponse.「彼（女）の返答には愕然《がくぜん》としました」

形容詞 stupéfait「びっくり仰天した、ぼう然自失した」と派生関係にある名詞は stupéfaction「ぼう然自失、驚愕《きょうがく》」です。この stupéfaction を用いた書きかえ文としてはまず、「私」を驚かせた主体である sa réponse「彼（女）の返答」を主語とした能動態の文 Sa réponse a provoqué ma stupéfaction. が考えられます。動詞は provoquer のかわりに、causer、déclencher、soulever、susciter を用いてもかまいません。また、受動態で Ma stupéfaction a été causée (déclenchée / provoquée / soulevée / suscitée) par sa réponse. とすることも可能です。ほかにも、J'ai reçu sa réponse avec stupéfaction. や Sa réponse a été (à) l'origine de ma stupéfaction. といった文が考えられます。あるいは Sa réponse m'a remplie de stupéfaction. とすることも可能です。ただし、設問文で形容詞 stupéfait が女性単数に性数一致していることから「私」が女性であることに留意し、過去分詞 rempli を直接目的補語 me (m') と性数一致させることを忘れないようにしましょう。誤答として多かったのは、stupéfaction に ma ではなく *une*、*la*、*de la* をつけてしまった例ですが、これでは「私」が愕然としたという設問文の意味が失われてしまいます。また、stupéfait の名詞化そのものをまちがえて、*stupeur* としたり、*stupéfait* のままにしたりしている答案もめだちました。得点率は 13%でした。

**(2)** Le tourisme est le seul secteur qui puisse *relever* économiquement ce pays.「観光はこの国を経済的に立て直すことのできる唯一の分野だ」

動詞 relever「復興する、立て直す」と派生関係にある名詞は relèvement「復興、立て直し」です。名詞化にともない、relever を修飾する副詞 économiquement は形容詞にかえる必要があります。すると、relever économiquement ce pays という一節は le relèvement économique de ce pays と書きかえられます。この名詞句を主語にした場合、Le relèvement économique de ce pays dépend entièrement du secteur du tourisme.「この国の経済的復興は観光分野に完全に依存している」とするとほぼ同じ意味の文が完成します（du secteur はなくても可）。dépendre de *qc / qn*「～にかかっている、～しだいである」を用いる場合、le seul secteur「唯一の分野」という一節にふくまれる seul という強調の意味合いをもつ形容詞を、dépendre を修飾する副詞 entièrement「完全に」をもって置きかえ、ほぼ同義の文を完成させるというやや高度な操作が求められます。同様の構文での書きかえとしては、Le relèvement économique de ce pays repose uniquement sur le secteur du tourisme. が考えられます。設問文とおなじく Le tourisme を主語として、Le tourisme est le seul secteur qui puisse assurer le relèvement économique de ce pays. としてもかまいません。名詞化の誤りとしては、*relevage* や *relevée* といった例が確認されました。また、設問文の文意をとりそこねた答案もめだちました。得点率は15%でした。

**(3)** Notre entretien a été *bref* mais fructueux.「我々の対談は短かったが実り多かった」

形容詞 bref「短い、簡潔な」と派生関係にある名詞は brièveté「短さ、簡明」です。設問文の bref mais fructueux「短かったが実り多かった」という接続詞 mais を用いて示される対立関係は、前置詞 malgré を用いて表わしましょう。すると、設問文は Malgré sa brièveté, notre entretien a été fructueux. と書きかえることができます。Malgré la brièveté de notre entretien, celui-ci a été fructueux. としてもかまいません。また、少し発想を変えて、empêcher de「～することをさまたげる」の否定形を用いた書きかえも可能です。その場合は、La brièveté de notre entretien ne l'a pas empêché d'être fructueux. という文になります。この問題では、とりわけ bref を名詞化させること自体につまずいた受験者が多かったようです。得点率は9%でした。

**(4)** Selon certains experts, on ne devrait plus *attribuer* ces tableaux à Monet.「一部の専門家によると、これらの絵はもはやモネの作とすべきではないとのことだ」

動詞 attribuer「(作品を) ～の作と認める」と派生関係にある名詞は attribution「作者の決定、アトリビューション」です。attribuer を名詞化した場合、attribuer ces tableaux à Monet という一節は l'attribution de ces tableaux à Monet と書きかえられます。問題は、「これらの絵をモネの作とすること」に対して「一部の専門家」がどのような姿勢をとっているかということの表わし方です。設問文では、彼らが反対の立場をとっていると述べられているのですから、動詞 contester「異議をとなえる」を用いて L'attribution de ces tableaux à Monet est contestée par certains experts. とすればよいでしょう。l'attribution de ces tableaux à Monet を主語にした文としては、ほかにも L'attribution de ces tableaux à Monet est erronée selon certains experts.、L'attribution de ces tableaux à Monet est jugée fausse par (selon) certains experts. や、L'attribution de ces tableaux à Monet est mise en doute par certains experts. が考えられます。あるいは、certains experts を主語にして、Certains experts n'admettent plus l'attribution de ces tableaux à Monet. や、Certains experts s'opposent à l'attribution de ces tableaux à Monet. としてもかまいません。名詞化の誤答例としては、*attribuation* や *attribut* などが確認されました。得点率は 30%でした。

問題1全体の得点率は 17%でした。

**解答**
(1) Sa réponse a provoqué ma stupéfaction.
(2) Le relèvement économique de ce pays dépend entièrement du secteur du tourisme.
(3) Malgré sa brièveté, notre entretien a été fructueux.
(4) L'attribution de ces tableaux à Monet est contestée par certains experts.

**2** **解説** 多義語の問題です。2 つの文 **A**、**B** の（　　）内に入る同じ 1 語を解答します。品詞や動詞の語形、形容詞の性数など、文法的な条件を考慮し、可能性のある語をしぼっていきます。

(1)　**A**　Cette équipe a (　　　) plusieurs défaites avant de devenir championne.

　　**B**　Le barman a (　　　) le comptoir avec un chiffon.

　正解は essuyé です。**A** では「(被害など) をこうむる、(非難など) を受ける」、**B** では「ぬぐう」という意味で用いられています。文意はそれぞれ、「そのチームはチャンピオンになるまでいくつもの敗北を喫してきた」、「バーテンダーは雑巾でカウンターをふいた」となります。**B** の文は動詞 essuyer の第一義の意味で用いていますから、こちらから先に候補となる語をしぼり込むとよいでしょう。もっとも多かった誤答は *fait* です。また、*subi* や *connu* のように **A** にしか入らない語を答えたものがめだちました。*éssuyé*、*essuié* といった残念なつづりミスも認められました。

　得点率は27%でした。

(2)　**A**　De plus en plus de commerçants refusent le (　　　) par chèque.

　　**B**　Les deux chefs d'États ont négocié un (　　　) définitif du problème frontalier.

　正解は règlement です。**A** では「支払い」、**B** では「決着」という意味で用いられています。文意はそれぞれ、「小切手での支払いを受けつけない商店はますますふえている」、「両国首脳は国境問題の最終的な決着について交渉した」となります。règlement にはほかにも「規則」、「命令」など多様な意味があります。また、règlement d'un compte で「(会計上の) 決算」という意味ですが、règlement de compte(s) という形にすると、「(暴力による) 決着、仕返し」という意味になるので注意しましょう。誤答にはまず、**A** にしか入らないにもかかわらず、*paiement* とした答案が相当数認められました (つづりミスもかなりありました)。次に多かったのが正解の見当をつけられているにもかかわらず、*réglement* とアクサンのミスをおかした答案です。*règle*、*versement* などとした答案もありました。

　得点率は18%でした。

(3)　**A**　Le pays est incapable d'(　　　) ses infrastructures vieillissantes.

　　**B**　Vous devriez (　　　) de meilleures relations avec vos voisins.

　正解は entretenir です。**A** では「～を補修する、メンテナンスする」、**B** では「保つ」という意味で用いられています。文意はそれぞれ、「国は老朽化するインフラをメンテナンスすることができない」、「近所の人たちともっと良好な関係を保つべきなのに」となります。なお、entretenir はほかにも前置詞 de や sur をともなって「～について話す」などの意味があります。誤答としては、**B** から憶測したとおぼしき、*établir*、**A** から類推したであろう *améliorer* などが認められました。

得点率は12%でした。

**(4)** **A** Le vieillard était (　　　) d'oreille.

**B** Son collègue est (　　　) à cuire.

正解は dur です。この問題は **A**、**B** ともに慣用表現という難問でした。**A** の être dur d'oreille は「耳が遠い」という意味で、**B** の être dur à cuire は話しことばで「手ごわい、したたかだ」という意味になります。文意はそれぞれ「その老人は耳が遠かった」、「彼（女）の同僚はしたたかだ」となります。なお、「耳が遠い」は avoir l'oreille dure と表現することもあります。実際の試験では、*mal*、*loin*、*sourd*、*hors*、*difficile*、*faible*、*prêt* などじつに多様な誤答が確認されました。無回答の答案もかなりありました。

得点率は2%でした。

問題2全体の得点率は15%でした。

**解答** (1) essuyé　(2) règlement　(3) entretenir　(4) dur

## 3

**解説** (　　) 内に適当な前置詞を入れて文を完成させる問題です。前置詞の用法に関しては、前後の文脈や文意からは推測できないものも多く、成句的な表現についての正確な知識が欠かせません。日ごろから、前置詞をともなう表現に意識的な視線を向けておくことが必要です。

**(1)** Aujourd'hui, au sud de la Loire, la température atteint (　　　) endroits 40 degrés.「きょうはロワール県南部では、ところどころで気温が40度に達します」

par が正解です。par endroits で、「ところどころ」という意味になります。endroit と前置詞の組み合わせからなる慣用表現にはほかにも、à l'endroit「表を外に、正しい方向に」、文章表現で à l'endroit de *qn*「(人) に対して」があります。

得点率は30%でした。

(2) Il a refusé de répondre, en se retranchant (　　　) le secret professionnel.
「彼は守秘義務を盾に返答をこばんだ」

derrièreが正解です。動詞 se retrancher は「身を守る」という意味ですが、derrièreをともなって「〜を盾にとる、〜に立てこもる」という意味になるほか、dansを用いると「〜に閉じこもる」という意味の表現になります。

得点率は23%でした。

(3) Je travaille (　　　) l’année dans cette usine.「私は1年契約でこの工場で働いています」

正解はàです。配分、単位を表わす前置詞àの機能の理解が問われており、「〜につき、〜（の単位）で、〜ごとに」という意味になります。設問文に用いられているのと類似した表現としては、payer à la journée / au mois で「日ごとに / 月ごとに支払いをする」などがあります。また、vendre au mètre / au kilo「メートル / キロ単位で売る」などもよく使う表現です。

得点率は8%でした。

(4) Mon patriotisme ne le cède (　　　) rien au vôtre.「私の愛国心はいかなる点でもあなたの愛国心にひけをとらない」

正解はenです。ne pas le céder en *qc* [ne le céder en rien] à *qn / qc* で「〜の点で［いかなる点でも］〜に勝るとも劣らない」という慣用表現になります。

得点率は24%でした。

問題3全体の得点率は21%でした。

**解答**　(1) ⑦　(2) ③　(3) ①　(4) ⑤

**4**　**解説**　時事用語、常用語についての知識を問う問題です。出題の範囲は政治、経済、社会、法律、医療、情報科学など多岐にわたり、当然ながら、日本語から容易に推測できるケースは多くありません。さまざまな話題を扱った文章を幅ひろく読み、目を引いた用語についてはそのつど日本語との対応を確認しておくとよいでしょう。

(1)「医療ひっ迫」は la pression (hospitalière / sanitaire) といいます。新型コロナウイルス関連のニュースで頻出している語としては、la crise sanitaire「衛生上の危機」、l'état d'urgence sanitaire「衛生上の緊急事態」などがあげられます。誤答のなかで圧倒的多数を占めたのは、*médical(e)* です。得点率は 9%でした。

(2)「管楽器」は les instruments à (vent) といいます。楽器の種類を表わす類似表現としては、les instruments à cordes「弦楽器」、les instruments à clavier「鍵盤楽器」、les instruments à percussion「打楽器」などがあげられます。おもな誤答としては *tube*、*souffle*、*souffler*、*tuyau*、*corde*、*métal* などが確認されました。無回答の答案もかなりありました。得点率は 8%でした。

(3)「警官隊」は les forces de l'(ordre) といいます。ordre はひじょうに多くの意味がある多義語で、ここでは「秩序、治安」の意味です。フランスには治安維持組織として la police「警察」と la gendarmerie「憲兵隊」がありますが、les forces de l'ordre はその両方を指します。おもな誤答には *armée*、*agence*、*arme*、*agent*、*État* などがありました。得点率は 27%でした。

(4)「食品ロス」は le (gaspillage) alimentaire といいます。おもな誤答には *déchet*、*manque*、あるいは「ロス」という日本語に影響されたとおぼしき *perte* などが認められました。*gasipiage* といったおしいつづりミスも散見されました。得点率は 30%でした。

(5)「風力エネルギー」は l'énergie (éolienne) といいます。エネルギーに関する類似表現としては l'énergie géothermique「地熱エネルギー」、l'énergie hydraulique「水力エネルギー」などがあります。「風による」という形容詞 éolien は、ギリシャ神話の風の神アイオロス (Éole) を語源とします。誤答には *aérienne*（つづりミス *aélienne* もあり）、*vent*、*ventaire* などがありました。得点率は 27%でした。

問題[4]全体の得点率は20％でした。

**解答** (1) hospitalière / sanitaire　(2) vent　(3) ordre
(4) gaspillage　(5) éolienne



## 5

**解説** 長文を読み、話の展開を追いながら、空欄部分に該当する動詞を適切な形にしておぎなう問題です。解答には、動詞の法・時制に関する正確な知識のほか、過去分詞の一致など、語形にも細心の注意が求められます。

問題文は、電動キックボードの事故について報じた文章です。以下、設問に対応する箇所を引用しながら見ていくことにしましょう。

**(1)** Un homme de 31 ans ( 1 ) dans un tragique accident de la route mardi dernier.

問題文では、まず冒頭で「ある事件がふたたび街を喪の悲しみに沈めている」と記されたあと、上掲の空欄（ 1 ）がふくまれた文がつづきます。空欄の直後に dans un tragique accident de la route「悲惨な交通事故で」とあり、さらに、直前の文で endeuiller「喪の悲しみに沈める」という語が用いられていることをふまえると、空欄をふくむ文の主語となっている un homme de 31 ans「31歳の男性」は亡くなったのだと推測できます。したがって空欄に入れるべき動詞は mourir「死ぬ」となります。また、空欄をふくむ文の末尾にある副詞句 mardi dernier「この前の火曜日に」に注目すると、動詞 mourir は過去の完了した出来事を示す直説法複合過去に活用させるのが適切だとわかります。したがって正解は (est mort) となります。実際の試験では、*a été mort*、*a mort* などとした答案がかなり確認されましたが、1級をめざす受験者であれば、基本動詞の複合過去はしっかりおさえておいてほしいものです。得点率は66％でした。

**(2)** Les enquêteurs ( 2 ) sur les images des caméras de surveillance installées au carrefour.

第2段落は、「悲劇の原因を正確に確定するための捜査がただちに始められた」という一文から始まっており、その直後に Les enquêteurs「捜査員」を主語とする空欄（ 2 ）をふくむ文が登場します。ここで注目すべきは空欄の直後の sur les images des caméras de surveillance installées au carrefour「交差点に設置された監視カメラの映像について」という一節です。この一節にふくまれる前置詞 sur は選択肢にある代名動詞 se pencher とともに用いると se pencher sur *qc*「～について検討する」という意味になります。この表現を知っているかが正答をみちびく鍵になります。なお、第2段落前半では、起こった出来事を時系列順に説明していますので、se pencher は直説法複合過去に活用させましょう。したがって正解は (se sont penchés) となります。誤答としてもっとも多かったのが *ont réalisé* です。les images des caméras de surveillance とあるので、映像を「制作する」と考えたのかもしれませんが、réaliser は制作する映画や映像を直接目的補語としてとりますので、空欄の直後の前置詞 sur が不要となります。得点率は41%でした。

**(3)**　Celles-ci ont montré que le trentenaire à trottinette (　3　) un feu rouge.

空欄（　3　）をふくむ文では、前の文に引きつづき捜査の内容が述べられています。Celles-ci が指すのは les images des caméras de surveillance installées au carrefour「交差点に設置された監視カメラの映像」です。また、この文の従属節では、le trentenaire à trottinette「電動キックボードに乗った30代の男性」が何をしていたかが説明されていると予測が立ちます。ここで注意すべきなのが、空欄の直後の un feu rouge「赤信号」という表現です。選択肢にある動詞 griller は「(グリルで) 焼く」を第一義としますが、話しことばでは「追いこす、(止まらずに) 通過する、(信号を) 無視する」という意味でも用いられます。また、従属節で語られる出来事は、主節で montrer の直説法複合過去をもって示される Celles-ci ont montré「それ［＝監視カメラの映像］によって明らかにされた」という出来事よりも前に完了していますから、動詞は直説法大過去にするのが適切です。したがって、正解は (avait grillé) となります。おもな誤答としては、*avait roulé*、*grillait*、*roulait*、*a reculé*、*avait reculé* などがありました。得点率は26%でした。

**(4)**　Juste à ce moment-là, un autobus (　4　) en sens inverse arrivait à l'intersection.

この文の主語は un autobus「バス」、動詞は arrivait「到着していた」であることはひと目でわかりますので、空欄をふくむ一節 (　4　) en sens inverse は、主語を形容する分詞句だと予測がつきます。この文には、un autobus [...]

arrivait à l’intersection「バスは交差点に入るところだった」とありますから、バスは移動中であったと考えられます。したがって、空欄には動詞 rouler「走る」の現在分詞 (roulant) を入れるとよいとわかります。実際の試験では rouler を選びながらも *avait roulé*、*roulait* とした答案がかなりありましたが、空欄のあとの arrivait をふまえると構文上不適切だと気づくべきでしょう。得点率は48%でした。

**(5)** La conductrice de l’autobus (　5　) pour savoir si elle ne conduisait pas sous l’emprise de drogues ou d’alcool, mais les résultats se sont révélés négatifs.

第3段落冒頭では、バスの下に投げ出された犠牲者の遺体を引き出すのに25人以上の消防士が出動したと語られます。そしてその直後に La conductrice de l’autobus「バスの運転手」を主語とする空欄（　5　）をふくむ文がつづきます。ここでは空欄のあとに語られる内容に着目しましょう。まず、pour savoir si elle ne conduisait pas sous l’emprise de drogues ou d’alcool「彼女［＝バスの運転手］がドラッグやアルコールの影響下で運転していなかったかどうか知るために」とあり、さらに mais les résultats se sont révélés négatifs「しかし結果は陰性と判明した」とつづいています。以上から、選ぶべき動詞は tester「検査をする」であり、かつ、運転手は検査をされる側ですから、受動態にすべきこともわかります。残るは時制ですが、空欄のふくまれる文の後半にある代名動詞 se révéler が直説法複合過去に活用していることをふまえると、この文では起こった出来事が時系列順に語られており、したがって tester の受動態も直説法複合過去にすべきだとわかるでしょう。正解は (a été testée) となります。誤答としては直説法大過去 *avait été testée* がめだちました。また、*a été testé* と過去分詞の性数一致をおこたったおしいミスもありました。得点率は51%でした。

問題5全体の得点率は46%でした。

**解答**　(1) est mort　(2) se sont penchés　(3) avait grillé
(4) roulant　(5) a été testée

**6** **解説** 長文を読み、空欄に対応する文の一部を選択肢から選んで文を完成させる問題です。

この問題では、単に文が成立するという意味では、空欄に対応する選択肢は1つとはかぎりません。正解にいたるには、文章全体の論理構成や前後の文脈に目を配る必要があります。

今回出題された文章は、騒音がもたらす社会的損失の分析と対策について述べた報告を紹介したものです。

**(1)** En 2017, la facture s'élevait déjà à 60 milliards d'euros mais depuis, elle a grimpé en flèche ( 1 ) de 160 milliards d'euros.

第1段落冒頭にはまず、「環境変化機関（略称ACE）が騒音の影響を社会に対するコストの形で提示している」と語られます。そして空欄をふくむ次の文では、その具体的な金額が示されているわけですが、空欄の直前では、2017年の時点ですでに600億ユーロにのぼっていた「勘定書」が、以後、急速に上昇したとされます。また、空欄のあとにはde 160 milliards d'euros「1600億ユーロ」とあり、急上昇の度合いが数量を表わす前置詞deをともない具体的な額で示されている（しかも高額です）ことをふまえると、正解は⑤ pour friser aujourd'hui la somme astronomique「今日では天文学的な額にまで届くばかりに」であるとわかります。friserは「すぐそばをかすめる、もう少しで～になる」という意味の動詞です。得点率は45%でした。

**(2)** Une étude relève par exemple que 640 000 cas de maladies cardio-vasculaires sont imputables au bruit (pour un coût de 19,6 milliards d'euros en soins et en médication), dont 2 700 décès directement ( 2 ).

第2段落第1文には、「フランスでは、2600万人が騒音公害の影響を受けており、そのうちの1000万人が（騒音に）過剰にさらされて、健康への慢性的な影響をこうむっている」とあります。それにつづく空欄をふくむ文では騒音が原因となっている具体的な病気とそれにかかるコストが示されます。ある研究によれば、640 000 cas de maladies cardio-vasculaires sont imputables au bruit (pour un coût de 19,6 milliards d'euros en soins et en médication)「心血管疾患の64万症例については騒音が原因である（その治療と投薬に196億ユーロのコストがかかる）」というのです。casはここでは「患者、症例」という意味になります。さて、空欄をふくむ一節dont 2 700 décès directement ( 2 ) の関係代名詞 dont はあとにくる数詞が先行詞のなかに包含されることを示し、「～のなかの、のうちで」という意味になります。つまり、2 700 décès「2700 件の死亡」は、騒音が原因とされる「心血管疾患の 64 万症例」にふくまれるわけですから、正解は④ liés au facteur de la pollution sonore「騒音という要因と関連づけられる」となります。得点率は 85%でした。

**(3)** Sans surprise, ce sont les transports qui sont la principale source de pollution sonore, mais il faut rappeler que les bruits de voisinage sont ( 3 ), qu'il s'agisse de chantiers, d'espaces d'activité comme les bars et les terrasses, ou bien de voisins tapageurs.

第 3 段落第 1 文では、「ACE とそのパートナーはフランス人をなやませる騒音の 3 つの発生源をつきとめた。すなわち交通、近隣、仕事である」と語られます。これにつづく空欄をふくむ文では、まず前半で Sans surprise, ce sont les transports qui sont la principale source de pollution sonore「予想されるとおり、交通が騒音のおもな発生源である」と述べられます。そして逆接の接続詞 mais をもって始まる文の後半部では mais il faut rappeler que les bruits de voisinage sont ( 3 ), qu'il s'agisse de chantiers, d'espaces d'activité comme les bars et les terrasses, ou bien de voisins tapageurs「しかし、工事現場であれ、バーやテラス席などにぎやかな場所であれ、または騒々しい隣人であれ、近隣の騒音が ( 3 ) であることを忘れてはならない」と語られます。つまり、交通が騒音の主たる原因であるとはいえ、近隣からの騒音も等閑視できないというのがこの文の趣旨ですから、空欄には⑧ vraiment mal vécus par les Français「フランス人にじつに不快に感じられている」を入れると筋がとおります。得点率は 41%でした。

**(4)** Ils peuvent même entraîner des troubles anxio-dépressifs ( 4 ) le repos.

空欄の直前の一節 Ils peuvent même entraîner des troubles anxio-dépressifs「それ［＝近隣の騒音］は不安・抑うつ障害すら引き起こしうる」はそれ自体で完結した意味をもっています。問題は、( 4 ) le repos という一節をどのようにつなげるかですが、選択肢のうち空欄に②を入れ、en affectant grandement le repos「休息に甚大な悪影響をおよぼすことで」とすると意味がとおる文が完成されます。得点率は57%でした。

(5)　( 5 ), les scientifiques et ingénieurs ont identifié plusieurs leviers.

第3段落で、交通、近隣、仕事を原因とする騒音から生じる悪影響について説明されたあと、上掲の第4段落冒頭に空欄をふくむ文「( 5 )、科学者と技術者は、いくつかの手段をつきとめた」が置かれています。さらに、空欄をふくむ文の直後には、「たとえば、市街や建物を緑化する、交通量を制限する、工事現場からの音の発生をおさえる対策をとる、さらには、建物の防音に取り組む、などである」とありますが、こうした記述は騒音対策にかかわるものです。したがって、空欄には⑥ pour remédier à ce problème「この問題を改善するために」を入れるとよいとわかります。得点率は90%でした。

問題6全体の得点率は64%でした。

**解答**　(1) ⑤　(2) ④　(3) ⑧　(4) ②　(5) ⑥

**7**　**解説**　長文を読み、設問として示されている短文の内容が本文の内容と一致するかどうかを判断する問題です。あらかじめ設問文に目を通しておくと、本文の理解の助けとなるでしょう。

問題文は、地球に衝突する可能性があるとされる小惑星ベンヌについての文章です。

(1)　Dans un trou de serrure gravitationnel, la trajectoire de l'astéroïde recevra une influence de la Terre.「重力の鍵穴では、小惑星の軌道が地球の影響を受けるだろう」

本文第2段落第2文には、Cela lui donnera la possibilité de traverser ce qu'on appelle un « trou de serrure gravitationnel », zone qui altèrerait légèrement l'orbite de l'astéroïde à cause de l'influence gravitationnelle de notre planète, le mettant ainsi sur une trajectoire de collision.「そのこと［＝ベンヌが2135年に地球のすぐ近くを通過すること］で、それ［＝ベンヌ］はいわゆる『重力の鍵穴』、すなわちわれわれの惑星の重力のせいで小惑星の軌道を少し変え、この小惑星を衝突する軌道に乗せてしまうかもしれない

ゾーンを通過する可能性があるだろう」とあります。したがって、設問文は本文の内容と一致します。

(2) D’après les scientifiques, Bennu pourrait heurter la Terre en 2182.「科学者によると、ベンヌは2182年に地球に衝突するかもしれないとされる」

本文第2段落後半ではベンヌと地球の衝突の可能性が指摘されますが、それはベンヌが地球に接近するとされる2135年ではないことが示唆されます。というのも、当初2135年にベンヌの軌道に位置すると思われた26の「重力の鍵穴」のうちの24は、この小惑星を周回した探査機が可能にした分析によって排除されたからだというのです。そのうえで、第3段落冒頭では、Selon les calculs, la date la plus probable d’impact serait alors 2182.「そのため、計算によれば衝突の可能性がもっとも高い年は2182年になるようだ」と記されていますから、設問文は本文の内容と一致します。

(3) La sonde qui était allée chercher des données n’a pas réussi à atterrir sur Bennu.「データを集めに出発した探査機はベンヌに着陸することができなかった」

本文第1段落第2文には、Une sonde a passé deux ans en orbite autour de Bennu, qu’elle a quitté en mai 2021 pour en rapporter des échantillons récoltés lors d’un contact de quelques secondes avec le sol, et qui arriveront sur Terre en 2023.「1台の探査機が2年にわたりベンヌの周りを周回したが、その地表に数秒接触したときに集めた標本を持ち帰るべく、2021年5月、ベンヌから離れた。標本は2023年に地球に到着する予定である」とあり、探査機は数秒とはいえベンヌに着陸していることがわかります。したがって、設問文は本文の内容と一致しません。

(4) On sait qu’il y a deux trous de serrure gravitationnels que Bennu risque de traverser en 2135.「2135年にベンヌが通過するリスクのある重力の鍵穴は2つあることが知られている」

(2)でふれたとおり、本文第2段落後半ではまず、当初2135年にベンヌの軌道に存在すると思われた26の「重力の鍵穴」のうちの24が存在しないことが確認されたと示されます。そしてさらにこの段落はRestent les deux derniers.「残るのはあと2つだ」という文でしめくくられていますので、設問文は本文の内容と一致します。

**(5)** Si Bennu heurte la Terre, la zone de destruction fera entre 5 000 et 10 000 km de diamètre.「ベンヌが地球に衝突した場合、破壊される範囲は直径5000から10000 kmになるだろう」

本文第3段落第2文には、ベンヌと地球が衝突した場合、大災害となるだろうとありますが、その理由はつづく第3文に明かされます。つまり、Généralement, la taille d'un cratère est de 10 à 20 fois la taille de l'objet ; donc pour Bennu, un trou de 5 à 10 km de diamètre, avec une zone de destruction représentant jusqu'à 100 fois la taille de la cavité.「一般に、(天体衝突によって生じる) クレーターの大きさは (ぶつかる) 物体の大きさよりも10〜20倍大きい。したがって、(直径500mの) ベンヌについては、直径5〜10kmの穴ができることとなり、破壊される範囲は、くぼみの大きさの100倍にまでおよぶ」とありますので、設問文と本文の内容は一致しません。

**(6)** Si l'on excepte Bennu, deux autres astéroïdes risquent de heurter notre planète.「ベンヌをのぞいても、われわれの惑星に衝突するリスクのある小惑星がほかに2つある」

本文冒頭には、Avec ses 500 mètres de diamètre, Bennu, découvert en 1999, est l'un des deux astéroïdes de notre système solaire posant le plus de risques de collision avec la Terre.「1999年に発見された直径500mのベンヌは、地球と衝突するリスクのもっとも高い太陽系の2つの小惑星のうちのひとつだ」とありますので、設問文は本文の内容と一致しません。

得点率は(1) 89%、(2) 83%、(3) 87%、(4) 77%、(5) 80%、(6) 84%、問題7全体では83%でした。

**解答** (1) ①　(2) ①　(3) ②　(4) ①　(5) ②　(6) ②

**8** **解説** 長文を読み、その内容を設問にしたがって日本語で要約する問題です。解答の際は、単に文章の一部を訳すのではなく、全体の論旨を整理したうえで、キーワードをおさえながら、指定された字数内で簡潔な日本語にまとめなければなりません。

今回は、1968年のバカロレア取得者についての調査から予測する2021年のバカロレア取得者の未来について論じた文章です。

(1)「筆者によれば、1968年のバカロレアの、例年にない特殊な点は何ですか」

本文第1段落冒頭ではまず、2021年のバカロレアについて、伝統的な方法で実施されなかったために、「安っぽいバカロレア」、すなわち試験としての質が下がったのではないか、と一部の人々から見なされていることが指摘されます。しかし、教育学者のClaude Picot氏は、1968年に実施されたバカロレアについての研究結果をもとに、別の見解を示しているというのです。正答をみちびくうえでおさえるべきなのは、1968年のバカロレアについて説明された第1段落後半の3文となりますが、逐語訳では指定の字数内に収まりませんので、文意をふまえながらコンパクトに言いかえる工夫をしましょう。まず、Cette année-là, en raison des événements de mai, les épreuves avaient été organisées dans l'urgence après la fin du mouvement.「この年は、5月の事件のせいで、（バカロレアの）試験は社会運動が終結したあとに急いで準備された」という一節は、「従来の運営ができなかった」と言いかえることができるでしょう。ちなみに5月の事件とは、学生運動をきっかけとして勃発した社会運動の5月革命を指します。つづいて、この年のバカロレアが具体的にどのように実施されたか説明されます。つまり、Elles [= les épreuves] avaient été réduites à un simple oral portant sur les matières principales et un test d'éducation physique.「（バカロレアの）試験は、主要教科についての簡単な口頭試験と体育のテストにとどめられた」わけですが、この一節は「試験が簡略化された」と要約できるでしょう。そして試験の結果が示された81 % des candidats avaient été reçus, score nettement plus élevé que la moyenne de l'époque puisqu'ils n'étaient que 62 % lors de la session de 1967.「受験者の81%が合格したが、このスコアは当時の平均よりも明らかに高い。というのも、1967年の試験で合格したのは62%にすぎなかったからだ」という文は、「合格率が大幅に上昇した」とまとめられるでしょう。得点率は66%でした。

(2)「筆者によれば、1968年のバカロレア取得者を親にもつ子どもたちに見られる特色は何ですか」

1968 年のバカロレア取得者の子どもたちと、前後の世代の人々の子どもたちの比較結果は第 3 段落後半に示されます。とりわけ重要なのは、les filles et fils de ces bacheliers ont moins redoublé que les autres enfants, notamment au lycée, chaque année de formation supérieure suivie par les pères se traduisant mécaniquement par une diminution du risque de redoubler de 30 % pour leurs enfants.「このバカロレア取得者［=1968 年のバカロレア取得者］の娘や息子たちは、ほかの子どもたちよりも落第することが少なかった。これは、とりわけ高校においてあてはまり、父親が 1 学年上の教育を受けるごとに、その子どもたちが落第する確率は自動的に 30%減少する」という一節です。ここでも具体的な数字といった枝葉末節を整理して、自分のことばで文意を的確にまとめる日本語運用能力がためされます。得点率は 49%でした。

**(3)**「2005 年の報告にもとづくと、2021 年のバカロレア取得者はどのような将来が期待できると筆者は述べていますか」

本設問に取り組むにあたっては、2021 年のバカロレア取得者の将来について、1968 年の結果をもとに予測されていることをまず念頭に置く必要があります。第 2 段落の冒頭には、Claude Picot 氏が 1968 年のバカロレア取得者のキャリアに関する 2005 年の報告を用いた、とありますので、ここでは第 2 段落の内容に注目してみましょう。この報告の執筆者は当該年のバカロレア取得者の「思いがけない経済・社会的運命」について言及しているとされます。ここでとくにおさえたいキーフレーズが、第 2 段落第 3 文 Avec des étudiants plus nombreux à intégrer l'université, cette tendance s'est ensuite traduite par un surcroît de salaire et de réussite professionnelle en comparaison avec la moyenne des années 1960-67.「大学に入学する学生数が多かったため、それに引きつづいてこの傾向は 1960～67 年の平均と比較すると給料と職業的成功の増大という形で現れた」になります。なお、つづく第 4 文は、直前の文の内容を敷衍したものとなっており、1968 年のバカロレア取得者の「職業的成功」を物語る具体的な数値が提示されています。つまり、1990 年代におこなわれた INSEE の調査によると、1968 年のバカロレア取得者については、1 学年上の大学教育を受けるごとに中間管理職につく確率が 10%高くなり、給料は平均で 14%あがるというのです。解答にあたっては、第3文の内容をまずふまえながら、この文にふくまれる「職業的成功」とは、昇進を指すことを第4文から確認するとよいでしょう。得点率はややふるわず、37％でした。

問題8全体の得点率は51％でした。



**解答例** (1) 従来の運営ができず試験が簡素化されて合格率が大幅に上昇したこと。(32字)
(2) 父親が高学歴であればあるほどとくに高校で落第する率が下がること。(32字)
(3) 高学歴を得て昇進と高給に恵まれること。(19字)

**9** **解説** 和文仏訳の問題です。日本語の文章の内容をよく吟味したうえで、文意をそこなわないように留意しながら、フランス語として自然な文を組み立てます。逐語訳を避けつつ、なるべく平易で簡潔な文を作るように心がけるとよいでしょう。

今回の出題は、幼い甥《おい》っ子の成長の早さに対する驚きを語った文章です。

第1文：きのうの晩帰宅すると、家のなかがとてもにぎやかだった。

訳例：Lorsque je suis rentré(e) chez moi hier soir, la maison se trouvait dans une vive effervescence.

「帰宅すると」は、Lorsque je suis rentré(e) chez moi のかわりに En rentrant chez moi、Regagnant mes pénates、Comme je rejoignais mes pénates、De retour chez moi とすることもできます。また、言うまでもなく接続詞 lorsque は quand をもってかえることも可能ですし、動詞は rentrer のかわりに retourner を用いて je suis retourné(e) としてもよいでしょう。「家のなかがとてもにぎやかだった」la maison se trouvait dans une vive effervescence についても、la maison se trouvait (se trouvait のかわりに était としても可) en pleine effervescence (effervescence のかわりに ébullition としても可)、la maison était très animée、la maison connaissait une grande animation (animation のかわりに agitation も可)、あるいは il y avait beaucoup d'agitation dans la maison、il y avait une grande agitation dans la maison というようにさまざまな代案が考えられます。

第2文：近くに住んでいる弟の家族が顔を見せにきていたのだ。

訳例：La famille de mon frère cadet, qui réside dans le voisinage, était venue nous faire un petit bonjour.

「弟」は mon frère cadet 以外にも、mon cadet frère、mon petit frère、mon jeune frère とすることもできます。また「近くに住んでいる」という一節に関しては、まず「住む」は réside のかわりに habite、a élu domicile、est domiciliée、est installée とすることも可能ですし、「近くに」dans le voisinage については、dans le quartier、dans les environs、à proximité、à côté、pas très loin としてもよいでしょう。「顔を見せに」については日本語をそのままフランス語に置きかえてもうまくいかない箇所ですが、訳例の nous faire un petit bonjour 以外にも、nous faire un petit coucou、nous rendre (une petite) visite、または nous saluer といった表現を用いて乗り切りたいところです。なお、訳例では、第2文の主語を La famille de mon frère cadet としていますが、mon frère cadet を主語として、Mon frère cadet […] était venu en famille、Mon frère cadet […] était venu avec sa (petite) famille、Mon frère cadet […] était venu accompagné de sa (petite) famille としてもかまいません。

第3文：甥《おい》っ子は6歳になったばかりで、来年からは小学校だ。

訳例：Mon neveu a tout juste fêté ses six ans, et il entrera en primaire l'an prochain.

「甥っ子は6歳になったばかりで」という一節は、Mon neveu a tout juste fêté ses six ans 以外にも、Mon neveu vient (à peine) d'avoir six ans や Mon neveu a célébré il y a peu ses six ans と表わすことができます。「来年からは」l'an prochain は、à partir de l'année prochaine、à partir de la rentrée prochaine としてもよいでしょう。「小学校だ」は、entrera en primaire のかわりに ira à l'école primaire、fera ses débuts à l'école primaire、commencera à fréquenter l'école primaire、または deviendra écolier としてもかまいません。また「小学校」については、l'école primaire 以外にも l'école élémentaire と表わすことができます。

第4文：子どもの成長は早いものだとつくづく思った。

訳例：Cela m'a donné pleinement conscience de la rapidité avec laquelle les enfants grandissent.

「つくづく思った」という一節をどのように訳すかが腕の見せどころでしょう。「早いものだ」を訳例にあるように抽象名詞 la rapidité（la vitesse、la promptitude としても可）を用いて処理すると、フランス語としてひきしまった文になります。同様に la rapidité を使用する場合、第 4 文は、訳例以外にも、Cela m'a fait réaliser la rapidité [Cela a éveillé en moi une conscience aiguë de la rapidité / J'ai médité sur la rapidité] avec laquelle les enfants grandissent. としてもかまいません。あるいは、「子どもの成長は早いものだ」という一節を、「子どもは早く成長する」と表わすならば、J'ai (vraiment) pensé [Je me suis (vraiment) rendu compte / Je me suis dit / Cela m'a fait me rendre compte] que les enfants grandissaient vite. とすることもできるでしょう。この場合、主節で直説法複合過去が用いられていますので、従属節で時制の一致が起こり、動詞 grandir を直説法半過去に活用させることにも注意しましょう。なお、「成長する」については、grandir 以外にも devenir grands（grand はここでは主語 les enfants が男性複数であるのに合わせて性数一致しています）、croître、se développer といった表現を用いることもできます。

得点率は 39%でした。

**解答例** Lorsque je suis rentré(e) chez moi hier soir, la maison se trouvait dans une vive effervescence. La famille de mon frère cadet, qui réside dans le voisinage, était venue nous faire un petit bonjour. Mon neveu a tout juste fêté ses six ans, et il entrera en primaire l'an prochain. Cela m'a donné pleinement conscience de la rapidité avec laquelle les enfants grandissent.

# 書き取り・聞き取り試験

**解説・解答**

## 書き取り試験

**解説** 書き取り試験では、聞き取った音を正確につづるだけではなく、形容詞や過去分詞の性数一致など、音としては現れない要素にも留意し、文法的に破綻のない文を組み立てる「統辞レベル」での配慮が不可欠です。アクサンの向きをふくめ、明確に判読できない場合、point の指示のあと文の冒頭が大文字で書き始められていない場合、また逆に virgule の指示のあと文の途中であるのに大文字で書き始められている場合（固有名など大文字で始める必要がある場合はのぞく）は誤答と見なされます。

なお、フランスでは近年つづり字法の改革が進み、新たな規則では、たとえば意味上の区別にかかわらない場合、i や u の上のアクサン・シルコンフレクスは省略されるのが原則です（aîné → ainé、dûment → dument など）。仏検では、出題・解答例とも従来のつづり字を採用していますが、書き取りをはじめとする記述式の試験では、解答に際し、新旧どちらの表記を用いてもかまいません。

今回の出題は単独世界一周飛行の女性としての最年少記録を樹立しようと試みるパイロットの話です。

### ❶ つづりおよび聴取レベル

今回は書き取り試験の正答率が前年度にくらべて 16 ポイントも上昇しましたが、全体的な傾向として、聞き取った音を適切な単語や表現にむすびつけたり、正しくつづったりするプロセスでのミスがめだちました。まず、第 1 文の une source d'inspiration「インスピレーションの源」という表現にふくまれる d'inspiration について、*d'aspiration*、*l'aspiration* としたり、前置詞 de と inspiration がエリジオンした箇所を聞き取りそこねて *inspiration* とのみ記したりした答案がかなりありました。

また第 2 文の a décollé は本設問でもっともできが悪かった箇所のひとつですが、その多くは *a décolé*、*a decollé*、*a decolé* など décoller の過去分詞のつづりミスによる失点でした。*a décoré* と別の単語と聞きちがえた受験者もいたようですが、décorer「装飾する」では話の内容にそぐわないことに気づいてほしかったところです。

アクサンが必要か不要かあやふやになったことによるミスは、1級レベルの受験者ならおさえているはずの基本的な単語においても見うけられました。第4文の les technologies はその一例です。かなりの数の受験者が *les téchnologies* と不要なアクサンをつけていました。なお、この箇所では *les technologie* と複数形の s のつけ忘れも確認されました（*les téchnologie* とした答案もありました）。3分間あたえられる見直しの時間をおおいに活用し、こうしたケアレスミスをなくすように心がけましょう。ちなみに、les technologies ではよけいなアクサンをつけたことによる失点が認められましたが、反対に第7文の monde aérien では、*monde aerien* とアクサンのつけ忘れがめだったことも付記しておきたいと思います。

初級文法で学習する発音とつづり字の対応関係を思い出せば、避けられたミスもありました。第5文末尾の décourageant はその好例です。*découragent*、*découragant* と必要な a や e を忘れた答案がかなりありました。「統辞レベル」のミスへの対処にもあてはまることですが、受験前に初級文法をおさらいしておくと、できたはずのところでの失点を防ぐことができます。

第8文の à accomplir もややむずかしかったようで、*à complir* とした答案が数多く認められました。母音がつづくので accomplir という語の冒頭の a の音が聞き取りにくかったのかもしれませんが、accomplir un exploit「偉業をなす」という表現を知っていれば、音声情報だけにたよることなく正答をみちびけたのではないかと思われます。個々の単語を覚えるだけでなく、どの語とどの語がセットで使われるかということもしっかりおさえるようにしましょう。

❷ 統辞レベル

書き取り試験においては、受験者がフランス語の正確な発音をマスターしているかのみならず、確かな文法知識を獲得しているかもためされます。今回の問題で統辞レベルのミスがめだったのが第8文です。まず、elle entend について、*elle entends* とした答案が散見されましたが、entendre の直説法現在の活用をふまえれば、こうした基本的なミスはさけられたでしょう。それ以外にも、*elle longtemps*、*en temps*、*en longtemps* などとした答案が確認されましたが、これでは動詞や主語が欠落しており、文として成立しません。また、文末の cet exploit について、*cette exploit* とした答案が相当数ありましたが、exploit が男性名詞であることをおさえていれば、cet が適切であるとわかったのではないかと考えられます。

書き取り全体の得点率は 64%でした。

**解答** Elle souhaite devenir une source d'inspiration. Zoé, une pilote de 19 ans, a décollé mercredi de Belgique dans son avion deux places très léger. Elle partait pour la première étape d'un tour du monde à travers 52 pays et cinq continents. « J'espère vraiment encourager les filles et les jeunes femmes à se lancer dans l'aviation, les sciences, les technologies et les mathématiques. Jusqu'à maintenant, je n'ai pas vu beaucoup de femmes dans ces domaines, ce qui est assez décourageant. Je voudrais changer cette situation », a-t-elle expliqué. Plusieurs garçons moins âgés que Zoé ont déjà effectué un tour du monde aérien en solitaire. Mais elle entend bien devenir la plus jeune femme à accomplir cet exploit.

## 聞き取り試験

### 1

(1) Il a cru qu'elle ( ) des ( ).
(2) Elle ( ) la ( ).
(3) Parce qu'elle avait besoin de ( ) et d'( ).
(4) Elle lit des ( ) et ( ) la musique de ballets.
(5) Elle le trouve ( ) de se ( ).

**(読まれるテキスト)**

Alex : Oh, pardon ! Qu'est-ce que tu fais dans cette chambre totalement vide ?

Julie : Je médite.

Alex : Comment ? Tu dis du mal des gens ?

Julie : Non, j'ai dit « méditer », pas « médire » ; je pratique la méditation.

Alex : Ah bon, d'accord ; mais où est passé ton piano ?

Julie : Je l'ai vendu. J'en avais marre de m'entraîner toute la journée.

Alex : Ça, je comprends, mais tu n'avais pas besoin de te débarrasser de l'instrument !

Julie : J'avais besoin de silence mais aussi d'espace. Je ne joue plus du piano mais je lis des partitions pour trouver de l'inspiration, et je danse. C'est comme ça que je compose, maintenant.

Alex : Et c'est efficace ?

Julie : Très ! J'ai écrit la musique de deux ballets en un mois !

Alex : Ça a l'air intéressant. Je devrais peut-être essayer.

Julie : Oh, avec toi, ça ne marchera jamais ! Tu es incapable de te concentrer !

Alex : Tu vois : tu médis !

---

**（読まれる質問）**

---

un : Comment Alex a-t-il compris la première réponse de Julie ?

deux : Que faisait Julie quand Alex est entré dans la chambre ?

trois : Pourquoi Julie a-t-elle vendu son instrument ?

quatre : Qu’est-ce que Julie fait depuis qu’elle a vendu son piano ?

cinq : Qu’est-ce que Julie pense d’Alex ?

---

**解 説** フランス語の文章とその内容に関する質問を聞き取り、質問に対する答えの文を、空欄をうめる形で完成させる問題です。設問によっては、聞き取った語をそのまま転記するだけではなく、内容のパラフレーズが必要な場合があり、解答には、文意の把握と同時に、派生語や表現に関する知識が求められます。

聞き取り[1]では、インタビュー形式の対話文が出題されることが多いのですが、今回は、ピアノを売り、新たな方法で作曲のインスピレーションを得るようになった女性と友人の男性との対話が取り上げられています。

(**1**) Comment Alex a-t-il compris la première réponse de Julie ?「Alex は最初、Julie の答えをどのように理解しましたか」

ここでは Alex と Julie の冒頭のやりとりに注目してみましょう。Qu’est-ce que tu fais dans cette chambre totalement vide ?「こんなにすっかり空っぽの部屋で何をしているんだい」という Alex の質問に対し、Julie は Je médite.「瞑想しているの」と答えています。しかし、「瞑想する « méditer »」という語を「悪口を言う « médire »」という語と聞きまちがえた Alex は、Comment ? Tu dis du mal des gens ?「なんだって。人の悪口を言ってるだって」と Julie に聞き返します。すると Julie は、Alex のまちがいをただすべく、Non, j'ai dit « méditer », pas « médire »;「ちがうの、『悪口を言う « médire »』と言ったのではなく、『瞑想する « méditer »』と言ったのよ」と答えています。正答をみちびくうえでキーセンテンスとなるのが、Alex の 2 つ目の発言の Tu dis du mal des gens ? ですが、解答にあたっては 1 つの空欄につき 1 語しか入れてはいけないことに気をつけましょう。すると 1 つ目の空欄には dire du mal de *qn*「～の悪口を言う」のかわりに médire を適切な法と時制に活用させて入れるとよいとわかります。ここでは主節で複合過去が用いられていますので、主節との時制の一致が起こることに注意しましょう。したがって、正解は médisait となります。また、2 つ目の空欄には gens を入れ、Il a cru qu'elle (médisait) des (gens).「彼は彼女が人の悪口を言っていると思いました」とすると文が完成します。なお、1 つ目の空欄については、時制の一致をおこたって *médit* としたもの、médire を用いて言いかえることに気づかず、*mal*、*disait*、*dit*、*avait*、*faisait* などとした答案が見うけられました。無回答の答案も散見されました。2 つ目の空欄については、autres でもかまいませんが、gens という基本的な単語を聞き取れなかったようで、*jambes* とした答案が 2 割近くも確認されたのが残念です。

得点率は順に 17%、50%でした。

**(2)**　Que faisait Julie quand Alex est entré dans la chambre ?「Alex が部屋に入ったとき、Julie は何をしていましたか」

Julie の 2 番目の発言には je pratique la méditation「瞑想しているの」とありますので、この一節をふまえて解答を準備しましょう。ただし、質問文では Que faisait Julie [...] ? と faire の直説法半過去が用いられていますので、これに時制を合わせ、答えの文でも pratiquer を直説法半過去に活用させる必要があります。したがって、1 つ目の空欄には pratiquait、2 つ目の空欄には méditation を入れ、Elle (pratiquait) la (méditation).「彼女は瞑想をしていました」とするとよいでしょう。1 つ目の空欄については、質問文の時制を合わせることをおこたり、*pratique* とした答案が 4 割近く認められました。2 つ目の空欄については、比較的できがよかったのですが、それでも *meditation* とアクサンのつけ忘れによるミスが見うけられました。

得点率はそれぞれ 30%、87%でした。

⑶ Pourquoi Julie a-t-elle vendu son instrument ?「Julieはなぜ楽器を売ってしまったのですか」

Julieの3つ目の発言では、ピアノを売ってしまった理由についてまず、J'en avais marre de m'entraîner toute la journée.「1日中練習するのにうんざりしてしまったの」と明かされます。これに対して、AlexはÇa, je comprends, mais tu n'avais pas besoin de te débarrasser de l'instrument !「それはわかるけれど、楽器を処分する必要なんてなかっただろう」と指摘します。すると、JulieはJ'avais besoin de silence mais aussi d'espace.「静けさとスペースが必要だったのよ」と答えます。このJulieの発言をもとに、1つ目の空欄にはsilence、2つ目の空欄にはespaceを入れるとよいでしょう。1つ目の空欄にはcalme、tranquillitéを入れてもかまいません。本問については、会話文のどの一節をふまえて解答すればよいか見当がついた受験者が多かったようですが、それでも2つ目の空欄について、*éspace*というようなアクサンのミスがかなりありました。

得点率は83%、62%でした。

⑷ Qu'est-ce que Julie fait depuis qu'elle a vendu son piano ?「ピアノを売って以来、Julieは何をしていますか」

Julieの4つ目の発言には、Je ne joue plus du piano mais je lis des partitions pour trouver de l'inspiration, et je danse. C'est comme ça que je compose, maintenant.「もうピアノは弾かないけれど、インスピレーションを得るために楽譜を読んで、踊っているの。今はそうやって作曲しているのよ」とあります。さらに、彼女の5つ目の発言にはJ'ai écrit la musique de deux ballets en un mois !「ひと月でバレエ音楽を2つ書いたわ」とあり、Julieがバレエ音楽を作曲していることがわかります。これらをもとにすると1つ目の空欄にはpartitions、2つ目の空欄にはcomposeあるいはécritを入れ、Elle lit des (partitions) et (compose / écrit) la musique de ballets.「彼女は楽譜を読み、バレエ音楽を作曲しています」とすればよいとわかります。2つ目の空欄については、rédige、créeも可です。なお、1つ目の空欄については、*partition*と単数形にした答案が多数あったほか、2つ目の空欄についても、*ecrit*とeのアクサン・テギュをつけ忘れたものが一定数認められました。

得点率は54%、63%でした。

**(5)** Qu'est-ce que Julie pense d'Alex ?「Julie は Alex についてどのように考えていますか」

楽譜を読み、踊るという新たな作曲方法で生産性をあげたとする Julie に対し、Alex は Je devrais peut-être essayer.「おそらくぼくもためすべきなんだろうなあ」と言います。すると Julie は Oh, avec toi, ça ne marchera jamais ! Tu es incapable de te concentrer !「ああ、あなたは絶対うまくいかないわ！集中できないんですもの」と反対します。この発言のとくに後半部に注目し、1 つ目の空欄には incapable、2 つ目の空欄には concentrer を入れ、Elle le trouve (incapable) de se (concentrer).「彼女は彼が集中できないと考えています」とすれば文が完成します。1 つ目の空欄については *imcapable*、2 つ目の空欄については *consentrer* と、やはり本設問でもつづりミスが気になりました。こうしたケアレスミスによる失点を防ぐよう心がけてください。

得点率は 67%、76%でした。

聞き取り1全体の得点率は 59%でした。

**解答**
(1) (médisait) (gens)
(2) (pratiquait) (méditation)
(3) (silence) (espace)
(4) (partitions) (compose / écrit)
(5) (incapable) (concentrer)

# 2

（読まれるテキスト）

Vendredi 13 mai, un homme de 20 ans s'est présenté au guichet d'accueil du commissariat de police de Grenoble avec un bouquet de roses et de marguerites à la main. Les fleurs étaient destinées à Nathalie Duval, la cheffe du groupe d'appui judiciaire. Le visiteur l'avait rencontrée la veille, lorsqu'il avait été amené au poste à la suite d'un délit routier qu'il avait commis. Madame Duval avait d'abord pensé placer l'individu en garde à vue. Mais après avoir attentivement écouté ses explications, elle avait finalement décidé de s'en tenir à une remontrance bienveillante. Avant de laisser repartir le jeune homme, qui s'avère être le fils de la maire de Grenoble, elle lui avait dit en plaisantant qu'elle ne voulait plus le revoir. Or il avait rétorqué qu'il avait la ferme intention de revenir au commissariat. Madame Duval ne se doutait pas que ce serait pour la remercier de sa gentillesse et de son professionnalisme. « La police reçoit souvent des remerciements, mais en général, ils viennent des plaignants, pas des gens qui ont commis des infractions. En tout cas, cette attitude m'a émue et renforce ma motivation professionnelle », raconte Nathalie Duval. Largement relayée sur les réseaux sociaux, l'anecdote a suscité de nombreux commentaires.

（読まれる内容について述べた文）

un : Le bouquet que le jeune homme a apporté était composé

de roses et de lys.

deux : Le bouquet était pour la maire de Grenoble.

trois : Le jeune homme s'était présenté au commissariat le lendemain du jour où il avait commis un délit routier.

quatre : Nathalie s'était montrée compréhensive envers le jeune homme.

cinq : Suite à la décision de Nathalie, le jeune homme avait été mis en garde à vue.

six : Nathalie voulait dire au jeune homme de ne plus commettre de délits.

sept : Le jeune homme avait dit avec insistance qu'il reviendrait au commissariat.

huit : Nathalie était sûre qu'elle serait remerciée pour son travail.

neuf : Les plaignants remercient rarement les policiers.

dix : Nathalie a été touchée par l'attitude du jeune homme.

---

**解 説** ある程度の長さの文と、その内容について述べた設問文を聞き取り、後者の内容が前者と一致するかどうかを判断する問題です。

今回出題された問題は、警察官の女性に感謝の意を伝えるため花束を贈った若者について報じたニュースです。

**(1)** Le bouquet que le jeune homme a apporté était composé de roses et de lys.「若者が持ってきた花束はバラとユリでできていた」

本文冒頭には、[...] un jeune homme de 20 ans s'est présenté au guichet d'accueil du commissariat de police de Grenoble avec un bouquet de roses et de marguerites à la main.「20歳の若者が手にバラとマーガレットでできた花束を持って、グルノーブルの警察署の受付に現れた」とありますので、設問文は本文の内容に一致しません。

**(2)** Le bouquet était pour la maire de Grenoble.「花束はグルノーブル市長

へのものだった」

本文第2文には、Les fleurs étaient destinées à Nathalie Duval, la cheffe du groupe d'appui judiciaire.「その花は司法支援グループ長のNathalie Duval氏のためのものだった」とありますので、設問文は本文の内容に一致しません。

**(3)** Le jeune homme s'était présenté au commissariat le lendemain du jour où il avait commis un délit routier.「若者は交通違反をした日の翌日に警察署に現れた」

本文第3文には、Le visiteur l'avait rencontrée la veille, lorsqu'il avait été amené au poste à la suite d'un délit routier qu'il avait commis.「訪問者［＝若者］はその前日、自分が起こした交通違反のせいで警察署に連行されたとき、彼女に会っていた」とあります。交通違反を起こした日からみれば、Nathalieに花束を渡すために警察を訪れた日は翌日にあたりますので、設問文は本文の内容に一致します。

**(4)** Nathalie s'était montrée compréhensive envers le jeune homme.「Nathalieは若者に対して理解を示した」

本文第4文には、Madame Duval avait d'abord pensé placer l'individu en garde à vue.「Duval氏は当初、その人物［＝若者］を勾留しようと考えていた」とあります。しかしつづく第5文では、Mais après avoir attentivement écouté ses explications, elle avait finalement décidé de s'en tenir à une remontrance bienveillante.「しかし、注意深く彼の釈明を聞くと、彼女［＝Nathalie Duval］は最終的にやさしい忠告をするにとどめた」と明かされます。つまり、Nathalieは若者に対して寛容な態度を示したのですから、設問文は本文の内容に一致します。

**(5)** Suite à la décision de Nathalie, le jeune homme avait été mis en garde à vue.「Nathalieの決定によって、若者は勾留された」

(4)で確認したように、Nathalieは若者を勾留することはやめ、やさしい忠告をするにとどめたわけですから、設問文は本文の内容と一致しません。

**(6)** Nathalie voulait dire au jeune homme de ne plus commettre de délits.

「Nathalieは若者にもう違反行為をしないようにと伝えたかった」

本文第6文には、Avant de laisser repartir le jeune homme, qui s'avère être le fils de la maire de Grenoble, elle lui avait dit en plaisantant qu'elle ne voulait plus le revoir.「若者 —— グルノーブル市長の息子と判明したのだが —— を釈放する前に、彼女［= Nathalie Duval］は冗談で、もうあなたには会いたくない、と彼に言った」とあります。ここでNathalieが（警察で）もう若者に会いたくない、というのはつまり、彼が違反行為によってふたたび警察に連行されることのないようにという意味ですから、設問文は本文の内容と一致します。



(**7**) Le jeune homme avait dit avec insistance qu'il reviendrait au commissariat.「若者は警察署にまた来るとしつこく言った」

本文第7文にはOr il avait rétorqué qu'il avait la ferme intention de revenir au commissariat.「ところが、彼［= 若者］は警察署にまた来る強い意志があると反論した」とありますので、設問文は本文の内容と一致します。

(**8**) Nathalie était sûre qu'elle serait remerciée pour son travail.「Nathalieは自分の仕事によって感謝されると確信していた」

本文第8文には、Madame Duval ne se doutait pas que ce serait pour la remercier de sa gentillesse et de son professionnalisme.「Duval氏は、それ［= 若者が花束を持って警察署をふたたび訪れたこと］が自分の優しさとプロ意識に謝意を示すためだとは思わなかった」とありますから、設問文は本文の内容と一致しません。

(**9**) Les plaignants remercient rarement les policiers.「原告が警察官に感謝するのはまれである」

Nathalieの発言の一部にあたる本文第9文にはLa police reçoit souvent des remerciements, mais en général, ils viennent des plaignants, pas des gens qui ont commis des infractions.「警察は感謝されることがしばしばあるが、一般には原告からのものであって、違反した人々から感謝されることはない」とあります。設問文は逆のことを述べているわけですから、本文の内容に一致しません。

(10) Nathalie a été touchée par l'attitude du jeune homme.「Nathalie は若者の態度に感銘を受けた」

やはり Nathalie の発言の一部にあたる本文第 10 文には、En tout cas, cette attitude m'a émue et renforce ma motivation professionnelle [...].「ともかく、この（若者の）態度に私は感動し、プロとしてのモチベーションも強まります」とありますので、設問文は本文の内容に一致します。

得点率は(1) 97%、(2) 91%、(3) 77%、(4) 78%、(5) 66%、(6) 70%、(7) 54%、(8) 39%、(9) 57%、(10) 95%、聞き取り 2 全体では 72%でした。

**解答**　(1) ②　(2) ②　(3) ①　(4) ①　(5) ②
(6) ①　(7) ①　(8) ②　(9) ②　(10) ①

**1 次試験配点表**

| 筆記試験 | 1 | 2 | 3 | 4 | 5 | 6 | 7 | 8 | 9 | 小計 | 書き取り | 小計 | 聞き取り | 1 | 2 | 小計 | 計 |
|---|---|---|---|---|---|---|---|---|---|---|---|---|---|---|---|---|---|
| | 12点 | 8 | 8 | 5 | 10 | 10 | 12 | 15 | 20 | 100 | | 20 | | 20 | 10 | 30 | 150 |

# 2 次 試 験



**試験方法**

(a) 試験は個人面接の形でおこなわれます。
面接委員はフランス語を第一言語とする委員1人＋日本語を第一言語とする委員1人です。

(b) 試験室に入室する3分前に **A**、**B** 一組の問題を渡されます。
**A**、**B** どちらかの問題を選び、3分間程度の論述 exposé をまとめます。

(c) 入室すると面接委員が本人確認をおこないます。

(d) 用意した論述をおこないます。

(e) 論述の内容をふまえ、面接委員との間で質疑応答をおこないます。

(f) 試験時間は入室から退室まで、全体で約9分間です。

**解　説**

2次試験の問題は、**A**、**B**　2つのテーマからなり、いずれか1つを選択します。**A** は政治や経済、社会などに関する、どちらかといえば時事的な問題、**B** は日常的、一般的な話題を扱ったものです。今季の出題は以下のとおりでした。

【日本】

1. **A)** ヨーロッパがコロナウイルスに対する警戒を弱めるのは早すぎたと思いますか。
   **B)** 食品ロスに対してどのような対策ができると思いますか。

2. **A)** このたびのフランスの大統領選挙および国民議会選挙についてどのように思いますか。
   **B)** 日本の中学・高校の校則はしばしば厳しすぎると評されます。このことについてどのように思いますか。

2次試験では、選択したテーマに関する受験者の exposé（口頭論述）と質疑応答をもとに、2人の面接委員が、論述の内容、質疑応答の能力およびフランス語の能力について、以下の3つの基準に沿って評価をおこないます。

⑴ **論述の内容**

論述に論理的な構成があり、主張が具体例にもとづいて説得的に提示されていること。

⑵ **質疑応答の能力**

面接委員の質問に的確に応答し、自分の主張に対して示された意見や見解をふまえた議論の展開ができること。

⑶ **フランス語の能力**

フランス語の発音、文法知識が正確であること。語彙、表現が豊かで洗練されていること。

あたえられた問題について、具体例をあげながら論理的に exposé をおこなうことは日本語でもけっして容易なことではありません。日ごろから日仏の新聞や雑誌を読んだり、ニュースを視聴したりして、どのような問題に人々の関心が集まっているのか注意するよう心がけましょう。たとえば、2022 年春のフランスの大統領選挙や国民議会選挙について考えをまとめるよう求める 2. のセットの **A)** などは、日常的にフランスのニュースにふれていなければ太刀打ちできないテーマです。とはいえ、このテーマを選ぶことがけっして不利な選択とはなりません。2022 年の国民議会選挙では、大統領の属する与党が過半数割れとなりましたが、フランスの新聞記事を熟読し、それがいかなる事情によるのかていねいに分析・説明すれば、むしろ充実した exposé をおこなうことができるでしょう。そして、exposé のあとのフランス人面接委員との活発な議論も期待できます。

とはいえ、全体的な傾向として、自分の身近な関心事で話をまとめようとする受験者が多いのが現状です。この傾向は、テーマの選択にも反映され、今回の 1. のセットであれば、「食品ロス」についての考えをまとめる **B)** のほうが取り組みやすく映ったようです。しかし、この問題についても、たとえば、「私は買い物前に冷蔵庫の中身を確認して、無駄なものは買わないように気をつけています」というような個人の家庭レベルの話で終わらせてしまってはいけません（そもそも 3 分間もちません）。「食品ロス」問題は、a. 食事量を調節できるメニューの考案といった外食産業の努力、b. 賞味期限の見直しや、製造から卸売り、販売までのプロセスの再検討といった食品製造者の取り組み、c. 教育現場での啓蒙活動、d. 自治体の対策などさまざまな観点から検討されるべきものであることを念頭に置きながら、発表の構想を練る必要があります。

問題のなかには賛否の立場をはっきり示しにくいものもあるでしょう。**1. A)** の「ヨーロッパがコロナウイルスに対する警戒を弱めるのは早すぎたか」などはそれにあてはまります。いまだ世界的な感染収束が見えないなかで、経済活動を優先すべきか、感染対策を優先すべきかという点については、判断がむずかしいところでしょうが、日本とフランスが実際にとった対照的な対策を比較検討してみると立体的なexposéが準備できるでしょう。フランスは夏のバカンスを前に感染再拡大に見舞われつつも、国境でのワクチン証明書の提示は求めず、マスクの着用も空港や公共交通機関などで推奨するにとどめ、コロナ以前の日常の回復を優先しました。一方、日本は、安全を優先し、水際対策をはじめ、先進国のなかでもとりわけ厳しい措置を継続しました。こうした日仏の事情を比較しながら、双方の対策のメリット、デメリットを示しつつ、最終的に自分がどのような立場をとるかまとめるとよいでしょう。

フランスには、ディセルタシオンの伝統がありますが、出題される主題には賛否の立場を容易にきめがたいものが少なくありません。賛成と反対の両方の立場から思索を掘り下げつつ自分の考えをまとめていくことが求められます。フランスの学校教育においてそうした訓練を積んできた面接委員も納得するような構成のexposéを展開できることをめざしましょう。

『仏検公式ガイドブックセレクション　1級』（駿河台出版社、2020年）には、過去問が豊富に掲載されています。過去問をもとに、実際にexposéを作ってみてください。文章に書いてみてネイティブの先生に添削してもらうのも有益でしょう。ぜひ活用してください。

# 準1級

# 準1級の内容と程度

### ●程 度

日常生活や社会生活を営むうえで必要なフランス語を理解し、一般的な内容はもとより、多様な分野についてのフランス語を読み、書き、聞き、話すことができる。ヨーロッパ言語共通参照枠（CEFR）のB2にほぼ対応しています。

標準学習時間：500時間以上

### ●試験内容

| | |
|---|---|
| 読 む | 一般的な内容の文章を十分に理解できるだけでなく、多様な分野の文章についてもその大意を理解できる。 |
| 書 く | 一般的な事柄についてはもちろんのこと、多様な分野についても、あたえられた日本語を正確なフランス語で書き表わすことができる。 |
| 聞 く | 一般的な事柄を十分に聞き取るだけでなく、多様な分野にかかわる内容の文章の大意を理解できる。 |
| 話 す | 身近な問題や一般的な問題について、自分の意見を正確に述べ、相手ときちんとした議論ができる。 |
| 文法知識 | 文の書きかえ、多義語の問題、前置詞、動詞の選択・活用などについて、かなり高度な文法知識が要求される。 |

語彙：約5,000語

### ●試験形式

1次試験（120点）

| | |
|---|---|
| 筆 記 | 問題数8問、配点80点。試験時間100分。マークシート方式、一部記述式。 |
| 書き取り | 問題数1問、配点20点。試験時間（下記聞き取りと合わせて）約35分。 |
| 聞き取り | 問題数2問、配点20点。語記入、マークシート方式。 |

2次試験（40点）

| | |
|---|---|
| 個人面接試験 | あたえられたテーマのなかから受験者が選んだものについての発表と質疑応答。<br>試験時間約7分。 |

# 準1級の傾向と対策

仏検では5級、4級を初級レベル、3級、準2級、2級を中級レベル、準1級、1級を上級レベルと位置づけています。中級レベルの最終段階にあたる2級が「日常生活や社会生活を営むうえで必要なフランス語を理解し、一般的なフランス語を読み、書き、聞き、話す」能力をはかるものであるのに対し、上級レベルの準1級では「一般的な内容はもとより、多様な分野についてのフランス語を読み、書き、聞き、話すことができる」能力が求められます。

準1級受験に対応する標準学習時間は「500時間以上」とされ、一般に4年制大学のフランス語・フランス文学専攻課程を卒業しただけでは足りない勉強量を前提にしています。また、語彙の範囲は5,000語が目安とされ、まさしく「多様な分野」にわたる語彙や表現も知っていることが必要です。語彙レベルがあがりますので、当然のことながら読解問題の論理展開は2級にくらべてより複雑になり、テクストも長くなります。

こうした問題に対処するためには、日ごろからさまざまなフランス語の文章を読む習慣をつけることが必要になりますが、とくにおすすめなのが、インターネット上で閲覧可能なフランス（語圏）の新聞や雑誌です。フランスでは *Le Figaro* や *Le Monde* のような全国紙にくわえ、*Le Parisien*、*Ouest France* といったさまざまな地方紙が刊行されています。最初は自分が興味をもてる分野から始めて、慣れてきたら政治、社会、経済、国際関係、文化などできるだけ幅広く「多様な分野」の記事に挑戦してみてください。その際、ただテクストの内容理解（＝仏文和訳）にとどまるのみならず、用いられている表現、論理展開といった細部にも注意を向けてみましょう。たとえば、動詞の法や時制の使われ方に注目すれば、筆記 [4] の動詞穴うめ問題対策に、そしてフランス語独特の論理展開に慣れておけば、筆記 [5] の選択式穴うめ問題対策になると考えられます。

また、聴解力の向上には、TV 5 Monde や France Info、Radio France Internationale (RFI) を活用するとよいでしょう。インターネット上の生きた素材を通してフランス（語圏）のニュース・時事問題にふれ、論点を整理しておくことは、2次試験の対策にもつながります。

例年、筆記 [1] ～ [3] の語彙問題は多くの受験者が苦戦するところですが、豊かな語彙力の獲得には辞書に親しむことも大切です。また準 1 級レベルでは、仏和辞典、和仏辞典のみならず、*Le Petit Robert* のような仏仏辞典も使いこなせることをめざしましょう。電子辞書は持ち歩くのには手軽で便利ですが、自宅で学習するときには紙の辞書を使うことをおすすめします。また、辞書をひく際には、そのときに必要な情報だけを得て満足するのではなく、周辺の情報にも関心を向け、「楽しみながら辞書を読む」ように心がけてください。準 1 級では動詞・形容詞・副詞の名詞化の問題が出題されます（筆記 [1]）が、たとえばある動詞を覚えるとき、そこから派生する形容詞や名詞もいっしょに覚えるようにすれば、こうした名詞化の問題にも対応できます（聞き取り [1] にも一部、品詞の変換にかかわる出題がなされます）。また、辞書の語の定義と用例をくまなく読むことで、多義語に関する理解を問う筆記 [2] のような問題にも自信をもって取り組めるようになるでしょう。筆記 [3]（前置詞問題）対策として、前置詞の項目をじっくり読んでみるのもよい勉強になります。前置詞については、動詞や形容詞、名詞の用法を覚える際、それらの語が形成する熟語に従属する語としてとらえられていることが少なくないように思われます。たとえば、parler de「～について話す」という表現を覚えるとき、多くの学習者はつい parler のほうに関心を向けているのではないでしょうか。しかし前置詞 de の定義を読んでみると、この熟語的表現は、目的、対象をみちびく前置詞 de の機能をもとに成り立つものであることがわかります。前置詞にはそれ自体で機能語としての役割が備わっています。前置詞の数はそれほど多くありませんので、試験直前にそれぞれの前置詞の定義に目を通しておくだけでも役立つはずです。

そして、最後に忘れてはならないのが、初級文法の復習です。筆記 [8] の和文仏訳、あるいは書き取り問題では、動詞の活用、形容詞や過去分詞の性数一致といった基本的な文法事項にかかわるケアレスミスが数多く見うけられます。受験をきめた時点で、ぜひ一通り文法書を見直し、あやふやなところがないか確認してみてください。準 1 級レベルともなると、試験問題も一筋縄でいかないものが多くなりますので、不注意による失点は避けたいところです。

教場で日々フランス語を教える立場にあると、準 1 級レベルの参考書があまりないとの相談を受けることがよくあります。しかし、まずこのレベルの学習者のみなさんに強くおすすめしたいのは、安易に既存の参考書類に頼ることなく、上記のようなツールを活用し、多少まわり道してでも自分なりの学習スタンスを確立することです。時間と手間をかけてさまざまなフランス語にふれることに楽しみを見いだし、さらに深く究める知的好奇心をいだけるようになったとき、みなさんのフランス語力はきっと上級レベルに達しているはずです。

解答用紙（雛型）（67%縮小）

表面

# 2022年度　秋季　実用フランス語技能検定試験（準1級）筆記試験　解答用紙

| 会　場　名 |
|---|
| |
| 氏　名 |
| |

| 会場コード | | | | | |
|---|---|---|---|---|---|
| | | | | | |
| ⓪ | ⓪ | ⓪ | ⓪ | ⓪ | ⓪ |
| ① | ① | ① | ① | ① | ① |
| ② | ② | ② | ② | ② | ② |
| ③ | ③ | ③ | ③ | ③ | ③ |
| ④ | ④ | ④ | ④ | ④ | ④ |
| ⑤ | ⑤ | ⑤ | ⑤ | ⑤ | ⑤ |
| ⑥ | ⑥ | ⑥ | ⑥ | ⑥ | ⑥ |
| ⑦ | ⑦ | ⑦ | ⑦ | ⑦ | ⑦ |
| ⑧ | ⑧ | ⑧ | ⑧ | ⑧ | ⑧ |
| ⑨ | ⑨ | ⑨ | ⑨ | ⑨ | ⑨ |

| 受験番号 | | | | | | | |
|---|---|---|---|---|---|---|---|
| | | | | | | | |
| ⓪ | ⓪ | ⓪ | ⓪ | ⓪ | ⓪ | ⓪ | ⓪ |
| ① | ① | ① | ① | ① | ① | ① | ① |
| ② | ② | ② | ② | ② | ② | ② | ② |
| ③ | ③ | ③ | ③ | ③ | ③ | ③ | ③ |
| ④ | ④ | ④ | ④ | ④ | ④ | ④ | ④ |
| ⑤ | ⑤ | ⑤ | ⑤ | ⑤ | ⑤ | ⑤ | ⑤ |
| ⑥ | ⑥ | ⑥ | ⑥ | ⑥ | ⑥ | ⑥ | ⑥ |
| ⑦ | ⑦ | ⑦ | ⑦ | ⑦ | ⑦ | ⑦ | ⑦ |
| ⑧ | ⑧ | ⑧ | ⑧ | ⑧ | ⑧ | ⑧ | ⑧ |
| ⑨ | ⑨ | ⑨ | ⑨ | ⑨ | ⑨ | ⑨ | ⑨ |

**記入およびマークについての注意事項**

1. 解答にはかならずHEまたはBの黒鉛筆（シャープペンシルも可）を使用してください。ボールペンや万年筆等でマークした解答は機械による読み取りの対象とならないため、採点されません。
2. 記入は**太線の枠内**に、マークは◯の中を**正確に塗りつぶしてください**（下記マーク例参照）。
   採点欄は塗りつぶさないでください。
3. 訂正の場合は、プラスチック製消しゴムできれいに消してください。
4. **解答用紙を折り曲げたり、破ったり、汚したりしないでください。**

マーク例

| 良い例 | 悪い例 |
|---|---|
| ● | ◯ ⊠ ◯ ◯ ◑ ◯ |

1

| 解答番号 | 解答欄 | 採点欄 |
|---|---|---|
| (1) | | ② ⓪ |
| (2) | | ② ⓪ |
| (3) | | ② ⓪ |
| (4) | | ② ⓪ |
| (5) | | ② ⓪ |

4

| 解答番号 | 解答欄 | 採点欄 |
|---|---|---|
| (1) | | ② ⓪ |
| (2) | | ② ⓪ |
| (3) | | ② ⓪ |
| (4) | | ② ⓪ |
| (5) | | ② ⓪ |

2

| 解答番号 | 解答欄 |
|---|---|
| (1) | ① ② ③ ④ ⑤ ⑥ ⑦ ⑧ ⑨ ⓪ |
| (2) | ① ② ③ ④ ⑤ ⑥ ⑦ ⑧ ⑨ ⓪ |
| (3) | ① ② ③ ④ ⑤ ⑥ ⑦ ⑧ ⑨ ⓪ |
| (4) | ① ② ③ ④ ⑤ ⑥ ⑦ ⑧ ⑨ ⓪ |
| (5) | ① ② ③ ④ ⑤ ⑥ ⑦ ⑧ ⑨ ⓪ |

3

| 解答番号 | 解答欄 |
|---|---|
| (1) | ① ② ③ ④ ⑤ ⑥ ⑦ ⑧ ⑨ ⓪ |
| (2) | ① ② ③ ④ ⑤ ⑥ ⑦ ⑧ ⑨ ⓪ |
| (3) | ① ② ③ ④ ⑤ ⑥ ⑦ ⑧ ⑨ ⓪ |
| (4) | ① ② ③ ④ ⑤ ⑥ ⑦ ⑧ ⑨ ⓪ |
| (5) | ① ② ③ ④ ⑤ ⑥ ⑦ ⑧ ⑨ ⓪ |

5

| 解答番号 | 解答欄 |
|---|---|
| (1) | ① ② ③ |
| (2) | ① ② ③ |
| (3) | ① ② ③ |
| (4) | ① ② ③ |
| (5) | ① ② ③ |

6

| 解答番号 | 解答欄 |
|---|---|
| (1) | ① ② |
| (2) | ① ② |
| (3) | ① ② |
| (4) | ① ② |
| (5) | ① ② |
| (6) | ① ② |
| (7) | ① ② |
| (8) | ① ② |

7 8 の解答欄は
裏面にあります。

7

| 解答番号 | 採点欄 |
|---|---|
| (1) | ⓪ ① ② ③ ④ ⑤ ⑥ |
| (2) | ⓪ ① ② ③ ④ |
| (3) | ⓪ ① ② ③ ④ ⑤ |

8

| 採点欄 |
|---|
| ⓪ ① ② ③ ④ ⑤ ⑥ ⑦ ⑧ ⑨ |
| ⑩ ⑪ ⑫ ⑬ ⑭ |

裏面

7

(1)

(2)

(3)

8

表面

# 2022年度　秋季　実用フランス語技能検定試験（準１級）書き取り／聞き取り　試験　解答用紙

| 会　場　名 |
| --- |
| |

| 氏　名 |
| --- |
| |

| 会場コード | | | | | |
| --- | --- | --- | --- | --- | --- |
| | | | | | |
| ⓪ | ⓪ | ⓪ | ⓪ | ⓪ | ⓪ |
| ① | ① | ① | ① | ① | ① |
| ② | ② | ② | ② | ② | ② |
| ③ | ③ | ③ | ③ | ③ | ③ |
| ④ | ④ | ④ | ④ | ④ | ④ |
| ⑤ | ⑤ | ⑤ | ⑤ | ⑤ | ⑤ |
| ⑥ | ⑥ | ⑥ | ⑥ | ⑥ | ⑥ |
| ⑦ | ⑦ | ⑦ | ⑦ | ⑦ | ⑦ |
| ⑧ | ⑧ | ⑧ | ⑧ | ⑧ | ⑧ |
| ⑨ | ⑨ | ⑨ | ⑨ | ⑨ | ⑨ |

| 受験番号 | | | | | | | |
| --- | --- | --- | --- | --- | --- | --- | --- |
| | | | | | | | |
| ⓪ | ⓪ | ⓪ | ⓪ | ⓪ | ⓪ | ⓪ | ⓪ |
| ① | ① | ① | ① | ① | ① | ① | ① |
| ② | ② | ② | ② | ② | ② | ② | ② |
| ③ | ③ | ③ | ③ | ③ | ③ | ③ | ③ |
| ④ | ④ | ④ | ④ | ④ | ④ | ④ | ④ |
| ⑤ | ⑤ | ⑤ | ⑤ | ⑤ | ⑤ | ⑤ | ⑤ |
| ⑥ | ⑥ | ⑥ | ⑥ | ⑥ | ⑥ | ⑥ | ⑥ |
| ⑦ | ⑦ | ⑦ | ⑦ | ⑦ | ⑦ | ⑦ | ⑦ |
| ⑧ | ⑧ | ⑧ | ⑧ | ⑧ | ⑧ | ⑧ | ⑧ |
| ⑨ | ⑨ | ⑨ | ⑨ | ⑨ | ⑨ | ⑨ | ⑨ |

**記入およびマークについての注意事項**

1. 解答にはかならずHBまたはBの黒鉛筆（シャープペンシルも可）を使用してください。ボールペンや万年筆等でマークした解答は機械による読み取りの対象とならないため、採点されません。
2. 記入は**太線の枠内**に、マークは◯の中を**正確に塗りつぶしてください**（下記マーク例参照）。
採点欄は塗りつぶさないでください。
3. 訂正の場合は、プラスチック製消しゴムできれいに消してください。
4. **解答用紙を折り曲げたり、破ったり、汚したりしないでください。**

マーク例

| 良い例 | 悪い例 |
| --- | --- |
| ● | ◌ ⊗ ◯ ✓ ◐ ◎ |

## 書き取り試験注意事項　（書き取り試験解答欄は裏面にあります。）

フランス語の文章を、次の要領で３回読みます。全文を書き取ってください。

- １回目は、ふつうの速さで全文を読みます。内容をよく理解するようにしてください。
- ２回目は、ポーズをおきますから、その間に書き取ってください（句読点も読みます）。
- 最後に、もう１回ふつうの速さで全文を読みます。
- 読み終わってから３分後に、聞き取り試験にうつります。
- 数を書く場合は、算用数字で書いてかまいません。（配点　20）

書き取り試験

| 採　点　欄 |
| --- |
| ⓪ ① ② ③ ④ ⑤ ⑥ ⑦ ⑧ ⑨ |
| ⑩ ⑪ ⑫ ⑬ ⑭ ⑮ ⑯ ⑰ ⑱ ⑲ ⑳ |

## 聞き取り試験

**1**

| 解答番号 | 解　答　欄 | 採点欄 |
| --- | --- | --- |
| (1) | | ① ⓪ |
| | | ① ⓪ |
| (2) | | ① ⓪ |
| | | ① ⓪ |
| (3) | | ① ⓪ |
| | | ① ⓪ |

| 解答番号 | 解　答　欄 | 採点欄 |
| --- | --- | --- |
| (4) | | ① ⓪ |
| | | ① ⓪ |
| (5) | | ① ⓪ |
| | | ① ⓪ |

**2**

| 解答番号 | 解　答　欄 | 解答番号 | 解　答　欄 |
| --- | --- | --- | --- |
| (1) | ① ② | (6) | ① ② |
| (2) | ① ② | (7) | ① ② |
| (3) | ① ② | (8) | ① ② |
| (4) | ① ② | (9) | ① ② |
| (5) | ① ② | (10) | ① ② |

裏面

# 準1級書き取り試験　解答欄

# 2022年度秋季<br>実用フランス語技能検定試験<br>筆記試験問題冊子　〈準 1 級〉

**問題冊子は試験開始の合図があるまで開いてはいけません。**

| | |
|---|---|
| 筆　記　試　験 | 10 時 20 分 ～ 12 時 00 分<br>(休憩 20 分) |
| 書き取り<br>聞き取り　試験 | 12 時 20 分から約 35 分間 |

◇**筆記試験と書き取り・聞き取り試験の双方を受験しないと欠席になります。**

◇問題冊子は表紙を含め 12 ページ、全部で 8 問題です。

**注　意　事　項**

1　途中退出はいっさい認めません。

2　筆記用具は **HB または B の黒鉛筆** (シャープペンシルも可) を用いてください。ボールペンや万年筆等でマークした解答は機械による読み取りの対象とならないため、採点されません。

3　解答用紙の所定欄に、**受験番号**と**カナ氏名**が印刷されていますから、まちがいがないか、**確認**してください。

4　**マーク式の解答は、解答用紙の解答欄にマークしてください。**たとえば、2 の (1) に対して ③ と解答する場合は、次の例のように解答欄の ③ にマークしてください。

例　2

| 解答番号 | 解　答　欄 |
|---|---|
| (1) | ① ② ● ④ ⑤ ⑥ ⑦ ⑧ ⑨ ⓪ |

5　記述式の解答の場合、正しく判読できない文字で書かれたものは採点の対象となりません。

6　解答に関係のないことを書いた答案は無効にすることがあります。

7　解答用紙を折り曲げたり、破ったり、汚したりしないように注意してください。

8　問題内容に関する質問はいっさい受けつけません。

9　不正行為者はただちに退場、それ以降および来季以後の受験資格を失うことになります。

10　**携帯電話等の電子機器の電源はかならず切って、かばん等にしまってください。**通信機能のある時計は使用を禁じます。

11　**時計のアラームは使用しないでください。**

12　この試験問題の複製 (コピー) を禁じます。また、この試験問題の一部または全部を当協会の許可なく他に伝えたり、漏えいしたりすることを禁じます (インターネットや携帯サイト等に掲載することも含みます)。

**1**　例にならい、次の (1) ～ (5) について、**A** のイタリック体の部分を変化させて **B** の (　　) 内に入れると、2 つの文 **A**、**B** がほぼ同じ意味になります。(　　) 内に入れるのにもっとも適切なフランス語 (各 1 語) を、解答欄に書いてください。(配点　10)

(例) **A** Son dernier livre n'était pas *intéressant*.
　　 **B** Son dernier livre était sans (　　).

解答：intérêt

(1) **A** Dans ce pays, le peuple est *opprimé* par le régime militaire.
　　**B** Dans ce pays, le peuple vit sous l'(　　) du régime militaire.

(2) **A** Elle a pris deux tasses de café pour soulager sa tête *lourde*.
　　**B** Deux tasses de café ont soulagé ses (　　) de tête.

(3) **A** Il s'attire des ennemis par sa conduite *hypocrite*.
　　**B** L'(　　) de sa conduite lui attire des ennemis.

(4) **A** Ils ont mis des semaines à *trier* ces dossiers.
　　**B** Le (　　) de ces dossiers leur a pris des semaines.

(5) **A** Pourquoi *tousses*-tu tout le temps ?
　　**B** D'où vient ta (　　) continuelle ?

(解説・解答 ▶ p.106)

## 2

次の (1) ～ (5) について、**A**、**B** の（　　）内には同じつづりの語が入ります。（　　）内に入れるのにもっとも適切な語を、下の ① ～ ⓪ のなかから 1 つずつ選び、解答欄のその番号にマークしてください。ただし、同じものを複数回用いることはできません。( 配点　5 )

(1) **A** Ce couple (　　) son mariage.
**B** Ce produit (　　) les matières grasses.

(2) **A** La (　　) de sang est le plus souvent réalisée dans une veine.
**B** Les punitions semblent n'avoir aucune (　　) sur lui.

(3) **A** Le terrain des voisins s'(　　) jusqu'à la frontière.
**B** Ton exposé s'(　　) trop sur des détails.

(4) **A** Malheureusement, je n'ai reçu qu'une réponse (　　).
**B** Ne touchez pas le mur : la peinture n'est pas encore (　　).

(5) **A** Mon père est parti pêcher à la (　　).
**B** Son fils ne pense qu'à sa (　　) et ne mange pas beaucoup.

① attend　② dissout　③ efface　④ entend　⑤ étend
⑥ ligne　⑦ physique　⑧ prise　⑨ sèche　⓪ vive

（解説・解答 ▶ p.107）

**3**　次の (1) ～ (5) の (　　) 内に入れるのにもっとも適切なものを、下の ① ～ ⓪ のなかから1つずつ選び、解答欄のその番号にマークしてください。ただし、同じものを複数回用いることはできません。(配点　5)

(1) Elle a avoué le crime (　　) la contrainte.

(2) Il est préférable de se tenir (　　) la poignée dans le bus.

(3) Ne te fâche pas ; je disais juste ça (　　) rire.

(4) Notre fils de 16 ans agit déjà (　　) adulte.

(5) On a besoin d'un carton (　　) taille moyenne.

① à　② contre　③ dans　④ de　⑤ derrière
⑥ en　⑦ pour　⑧ sous　⑨ sur　⓪ vers

(解説・解答 ▶ p.109)

**4** 次の文章を読み、( 1 ) ～ ( 5 ) に入れるのにもっとも適切なものを、下の語群から1つずつ選び、必要な形にして解答欄に書いてください。ただし、同じものを複数回用いることはできません。( 配点 10 )

Les rafales de vent qui ont balayé une partie de la France dans la nuit du samedi 15 au dimanche 16 octobre ont durement touché l'usine *Aqua*, située à Épône (Yvelines). Vers minuit, cette entreprise spécialisée dans la production d'alliages* ( 1 ) sa cheminée de 30 m de haut s'effondrer sur son toit, rapporte *Le Parisien*.

Heureusement, personne ne ( 2 ) présent sur les lieux au moment des faits. La production a dû être stoppée et l'usine pourrait être à l'arrêt pendant plusieurs semaines, a indiqué au quotidien Frédéric Bonnet, le directeur général de l'entreprise. Il faudra en effet qu'on ( 3 ) la cheminée pour reprendre l'activité. Dès hier, une enquête ( 4 ) pour évaluer l'étendue des dégâts et comprendre pourquoi la cheminée a cédé.

En attendant ses résultats, près de 40 salariés se retrouvent au chômage technique** pour une durée indéterminée. *Aqua*, qui fournit notamment des entreprises de robinets, va pouvoir s'appuyer sur son stock pendant quelques jours. Mais si l'arrêt de la production s'éternise, cela ne ( 5 ) pas pour honorer*** toutes les commandes.

* alliage : 合金
** chômage technique : 操業停止による失業
*** honorer : 契約どおりに対応する

| | | | |
|---|---|---|---|
| demander | prier | reconstruire | revenir |
| se laisser | se trouver | suffire | voir |

(解説・解答 ▶ p.110)

**5**　次の文章を読み、( 1 ) ~ ( 5 ) に入れるのにもっとも適切なものを、それぞれ右のページの ① ~ ③ のなかから1つずつ選び、解答欄のその番号にマークしてください。(配点 5)

En 2021, plus de 500 000 élèves du monde entier ont pour la première fois été interrogés sur cette phrase : « Quand j'échoue, je crains que ce soit parce que je n'ai pas assez de talent. » Résultat : dans les 68 pays étudiés sauf un, même à performances égales, les filles ( 1 ) à attribuer leurs échecs à un manque de talent que les garçons, plus disposés, eux, à blâmer des éléments extérieurs. Contrairement à ce que l'on attendrait, cette tendance est particulièrement marquée dans les pays où l'égalité des sexes est ( 2 ) et chez les filles démontrant de très bonnes performances scolaires.

« On n'a pas d'explication satisfaisante à ce phénomène », a dit Matthew Essen, un des chercheurs qui ont mené l'enquête. ( 3 ) a déjà été observée par le passé. Toutefois, l'étude de 2021 a montré qu'il existait une forte relation réciproque entre l'idée de n'avoir pas assez de talent et d'autres indices. Par exemple, plus les filles ( 4 ) aux garçons, moins elles ont confiance en elles comparées à eux. En conséquence, elles apprécient moins la compétition et ont moins de chance de travailler plus tard dans le domaine des technologies de l'information et de la communication, réputé masculin. « Il faut sortir de l'illusion du talent pur », avance Matthew Essen. « Si on se débarrasse de cette idée, ( 5 ) celle que les filles sont naturellement moins dotées de talent que les garçons. »

(1) ① avaient davantage tendance
② consacraient moins d’efforts
③ n’étaient pas aussi disposées

(2) ① le mieux respectée
② loin d’être accomplie
③ relativement absente

(3) ① Cette bizarrerie apparente
② La corruption sociale
③ Une telle adresse

(4) ① essayent désespérément d’échapper
② pensent manquer de talent par rapport
③ se croient supérieures

(5) ① d’autres enquêtes donneront
② les garçons renforceront
③ on éliminera également

(解説・解答 ▶ p.113)

**6**

次の文章を読み、右のページの (1) ～ (8) について、文章の内容に一致する場合は解答欄の ① に、一致しない場合は ② にマークしてください。( 配点　16 )

« On fait quoi pour le Nouvel An ? » Cette phrase qu'on entend souvent dans les derniers jours de décembre est sûrement la plus énervante de l'année. Car la réponse n'est pas évidente. Naturellement, il y a des gens qui continuent à observer la tradition parce qu'ils ont peur d'être seuls. Mais il y en a d'autres qui ont décidé de s'en libérer.

Pour certains, le réveillon* est devenu un peu comme la Saint Valentin**, qui a fini par lasser pas mal de monde par son côté imposé et commercial. Léa, par exemple, reste bien au chaud chez elle depuis quelques années. « On pense, dit-elle, qu'il faut que la soirée soit géniale. Mais on a beau tout organiser, elle est toujours décevante. De plus, ça coûte cher. On est envahis par la publicité, et les gens achètent des quantités trop grandes de nourriture qu'ils gaspilleront forcément. Je ne veux plus commencer la nouvelle année avec le sentiment d'avoir raté quelque chose. »

Parfois, c'est le passage d'une année à l'autre qui angoisse. Aujourd'hui, Camille préfère ainsi réserver son argent pour plus tard. « Je n'ai pas tellement envie de fêter l'année qui finit, dit-elle, parce que celle-ci ne s'est pas très bien passée, et que je ne pense pas que celle qui va commencer sera meilleure. On vit dans un monde de moins en moins certain : on ne sait pas ce que vont devenir nos enfants et on ne peut pas prévoir comment va évoluer la Terre. » En effet, le passé est plutôt sombre et l'avenir menacé par des problèmes politiques, économiques, sociaux, etc. Dans une société qui vit une crise exceptionnelle, il devient difficile de trouver des motifs de faire la fête.

* réveillon : ( 大晦日の ) パーティー
** la Saint Valentin : バレンタインデー

(1) L'auteur pense que c'est par crainte de la solitude que certains fêtent le Nouvel An.

(2) Il y a des gens qui trouvent que la Saint Valentin est une fête trop commerciale.

(3) Léa n'a jamais fêté le Nouvel An.

(4) D'après Léa, si on organise bien le réveillon, il peut être très réussi.

(5) Léa critique la publicité qui conduit les gens à trop consommer.

(6) Le passage d'une année à l'autre est une cause possible d'anxiété.

(7) Pour Camille, l'année qui finit était plutôt heureuse.

(8) Selon l'auteur, nous vivons dans un monde de plus en plus instable.

（解説・解答 ▶ p.115）

**7**

次の文章を読み、右のページの (1) ～ (3) に、指示にしたがって**日本語**で答えてください。句読点も字数に数えます。

**解答欄は解答用紙の裏面にあります**。( 配点　15 )

Quand on parle des voyages, on pense souvent à l'aventure, au dépassement de soi, à la détente ou à la remise en question. Et on a bien raison. Des études récentes menées successivement par deux équipes canadiennes montrent en effet de manière scientifique que voyager a de nombreux effets positifs sur notre personnalité.

La première équipe fait d'abord remarquer que les gens qui voyagent dans différents pays pour des périodes prolongées font plus confiance aux autres que ceux qui ne le font pas. Plus le nombre de pays visités est grand, plus la confiance générale envers les autres est élevée. Cette confiance est liée à un autre avantage : voyager nous ouvre davantage aux nouvelles expériences et diminue nos réticences à faire certaines choses qu'on ne ferait normalement pas. En se déplaçant, on a plus envie de rencontrer de nouvelles personnes et de faire des découvertes. Ceci nous conduirait à penser autrement et nous rendrait capables d'envisager de multiples solutions à nos problèmes.

L'autre équipe souligne que les personnes ayant visité divers pays sont plus humbles à leur retour. Sans doute parce qu'elles ont été en contact avec des façons de vivre et de penser différentes des leurs et qu'elles ont été amenées à mettre en perspective leur propre vie et leurs actions. De plus, prendre des vacances augmenterait l'efficacité des travailleurs.

De façon générale, les gens qui ont un projet de voyage sont plus heureux, car ils prévoient concrètement les expériences qui les attendent. Les chercheurs affirment même que simplement réserver un billet d'avion est déjà un pas en avant vers le bonheur !

(1) 第 1 の研究グループは旅行にどのような利点があると指摘しましたか。( 40 字以内 )

(2) 第 2 の研究グループによれば、旅行からもどった人にはどんな変化が見られますか。( 20 字以内 )

(3) 最近の研究によると、旅行と幸福にはどのような関係があると筆者は述べていますか。( 35 字以内 )

(解説・解答 ▶ p.117)

## 8

次の文章をフランス語に訳してください。
**解答欄は解答用紙の裏面にあります**。( 配点　14 )

私の父は、ある日ふだん乗っているバスに乗りそこねた。次のバスで車内で倒れた女性を助けた。それがきっかけとなって彼女と交際し、やがて結婚した。もしその日、父がいつもどおりの時間に家を出ていたら、私は生まれていなかった。

（解説・解答 ▶ p.119）

# 2022年度秋季
# 実用フランス語技能検定試験
# 聞き取り試験問題冊子 〈準 1 級〉

書き取り・聞き取り試験時間は、
12 時 20 分 から 約 35 分 間

**先に書き取り試験をおこないます。解答用紙表面の書き取り試験注意事項をよく読んでください。書き取り試験解答欄は裏面にあります。**

**この冊子は指示があるまで開かないでください。**

◇**筆記試験と書き取り・聞き取り試験の双方を受験しないと欠席になります。**

◇問題冊子は表紙を含め 4 ページ、全部で 2 問題です。

**書き取り・聞き取り試験注意事項**

1 途中退出はいっさい認めません。

2 書き取り・聞き取り試験は、CD・テープでおこないます。

3 解答用紙の所定欄に、**受験番号**と**カナ氏名**が印刷されていますから、まちがいがないか、**確認**してください。

4 CD・テープの指示にしたがい、中を開いて、日本語の説明をよく読んでください。フランス語で書かれた部分にも目を通しておいてください。

5 解答はすべて別紙の書き取り・聞き取り試験解答用紙の解答欄に、**HB または B の黒鉛筆**(シャープペンシルも可)で記入またはマークしてください。ボールペンや万年筆等でマークした解答は機械による読み取りの対象とならないため、採点されません。

6 問題内容に関する質問はいっさい受けつけません。

7 **携帯電話等の電子機器の電源はかならず切って、かばん等にしまってください。**通信機能のある時計は使用を禁じます。

8 **時計のアラームは使用しないでください。**

9 この試験問題の複製(コピー)を禁じます。また、この試験問題の一部または全部を当協会の許可なく他に伝えたり、漏えいしたりすることを禁じます(インターネットや携帯サイト等に掲載することも含みます)。

# 書き取り・聞き取り試験

（試験時間：約 35 分間）

## 書き取り試験

### 注意事項

フランス語の文章を、次の要領で 3 回読みます。全文を書き取ってください。

- 1 回目は、ふつうの速さで全文を読みます。内容をよく理解するようにしてください。
- 2 回目は、ポーズをおきますから、その間に書き取ってください（句読点も読みます）。
- 最後に、もう 1 回ふつうの速さで全文を読みます。
- 読み終わってから 3 分後に、聞き取り試験にうつります。
- 数を書く場合は、算用数字で書いてかまいません。（配点　20）

［ 音声を聞く順番 ］ 08 → 09 → 08

（解説・解答 ▶ p.122）

## 聞き取り試験

**1**

- まず、Bertrand へのインタビューを聞いてください。
- つづいて、それについての 5 つの質問を読みます。
- もう 1 回、インタビューを聞いてください。
- もう 1 回、5 つの質問を読みます。1 問ごとにポーズをおきますから、その間に、答えを解答用紙の解答欄にフランス語で書いてください。
- それぞれの (　　) 内に 1 語入ります。
- 答えを書く時間は、1 問につき 10 秒です。
- 最後に、もう 1 回インタビューを聞いてください。
- 数を記入する場合は、算用数字で書いてください。

(メモは自由にとってかまいません) (配点　10)

［ 音声を聞く順番 ］ 10 → 11 → 10 → 12 → 10

(1)　Elle est (　　　) de la (　　　).

(2)　Elle s'est (　　　) et, peu à peu, ses (　　　) sont devenus moins précis.

(3)　Elle lui a raconté les (　　　) qu'elle avait eues à (　　　) seule ses trois enfants.

(4)　Il a (　　　) à la (　　　).

(5)　Quand sa mère lui a (　　　) des (　　　) qu'elle aimait.

(解説・解答 ▶ p.124)

**2**

- まず、Corinne の話を 2 回聞いてください。
- 次に、その内容について述べた文 (1) ～ (10) を 2 回通して読みます。それぞれの文が話の内容に一致する場合は解答欄の ① に、一致しない場合は ② にマークしてください。
- 最後に、もう 1 回 Corinne の話を聞いてください。
(メモは自由にとってかまいません) (配点　10)

[ 音声を聞く順番 ]　⓭ → ⓭ → ⓮ → ⓮ → ⓭

(解説・解答 ▶ p.128)

# 2 次 試 験

## 試験方法

◯ 2 次試験は個人面接です（面接時間：約 7 分）。

◯各自の試験開始予定時刻の 3 分前にテーマを 2 題渡します。この 3 分間に、渡された 2 題のテーマのうちいずれか 1 題について考えをまとめておいてください。

◯指示にしたがい試験室に入室し、はじめに氏名等についてフランス語で簡単な質問がありますから、フランス語で答えてください。

◯次に選択したテーマについて、3 分間、フランス語で自由に述べてください。つづいて、その内容についてフランス語で質問がありますから、フランス語で答えてください。時間の余裕があれば、一般会話をおこなうことがあります。

＊注意＊ • テーマが渡されてから、辞書・参考書類を使ったり、音読したり、他の人と相談したりしないでください。

• 試験室入室前に携帯電話の電源を切ってください。

2022 年度は以下の問題のうちから、試験本部が選択したものを会場でお渡ししました。

次のテーマのうち、いずれか1題について考えをまとめておいてください。

**【日本】**

**1.**

**A)** Est-ce que la hausse du prix de l'énergie vous préoccupe ?

**B)** Au Japon, les époux sont obligés de porter le même nom de famille. Qu'en pensez-vous ?

**2.**

**A)** Quel est l'impact de la guerre en Ukraine sur la France et sur le Japon ?

**B)** Êtes-vous pour ou contre les grèves ?

**3.**

**A)** L'organisation de la Coupe du monde de football au Qatar a-t-elle été une chose positive ?

**B)** Pensez-vous que les livres en papier vont disparaître ?

(解説 ▶ p.133)

# 2022 年度準 1 級

2022 年度の出願者は 889 名（うち実受験者は 747 名）で、1 次試験の合格者は 198 名、対実受験者の合格率は 26.5%でした。1 次試験免除者 40 名をくわえた 238 名のうち 222 名が 2 次試験を受験し、1 次試験・2 次試験の両方に合格した最終合格者数は 180 名、対実受験者の最終合格率は 23.3%となっています。

1 次試験の平均点は 53 点（満点は 120 点）、得点率は 44%で、過去 5 回の平均（それぞれ 58 点および 48%）を下まわりました。

# 出題内容のあらまし

**1 次 [筆記]**

1 動詞・形容詞の名詞化（穴うめ・記述）
2 多義語（穴うめ・選択）
3 前置詞（穴うめ・選択）
4 説明文（突風で被害を受けた工場の話／動詞を選択活用／穴うめ・記述）
5 説明文（才能や自信にかかわる男女の意識の差／穴うめ・選択）
6 説明文（大晦日のパーティーについてのさまざまな意見／内容一致・選択）
7 説明文（旅が人格形成にあたえる影響についての研究／日本語による内容要約・記述）
8 和文仏訳（両親が交際を始めたきっかけはある偶然にすぎなかったという人の話／記述）

**[書き取り]** 談話文（宇宙旅行をすることになった身体障害者の看護師の話）

**[聞き取り]**

1 対話文（亡き母についての映画を製作した男性に対するインタビュー／穴うめ・記述）
2 談話文（羊がオオカミに襲われた話／内容一致・選択）

**2 次 [面接]**（個人面接方式）受験者は試験室入室 3 分前に渡される 2 つのテーマのどちらか 1 つを選択し、それについて考えをまとめておく。試験室では、選択したテーマについて 3 分間の exposé（口頭論述）をおこない、つづいて面接委員との間にそれに関連した質疑応答がある。（試験時間約 7 分間）

# 1 次 試 験

## 筆記試験

**解説・解答**

**1** **解説** 名詞化の問題です。2つの文 **A**、**B** がほぼ同じ意味になるように、**A** の文中のイタリック体で示された語（動詞・形容詞・副詞）を派生関係にある名詞に書きかえます。

**(1)** **A**：「この国では、国民が軍事体制に抑圧されている」

opprimé は「抑圧されている」という意味の形容詞です。動詞 opprimer「～を抑圧する」の過去分詞だということはすぐにわかるでしょう。*opprimation* や *opprime* といった誤答が多く見られましたが、正解は oppression です。同様の変化をする語として exprimer → expression、imprimer → impression、supprimer → suppression などがあります。ちなみに oppression は、動詞 oppresser「息苦しくさせる」の名詞化も同じ形で「息苦しさ」という意味になります。得点率は 22%でした。

**(2)** **A**：「重い頭を楽にするために、彼女はコーヒーを2杯飲んだ」

形容詞 lourd の名詞化で、正解は lourdeurs です。所有形容詞 ses を見落としたのか、単数形で答えてしまった誤答が見られました。語尾 -eur がつくと名詞になる形容詞は基本語に多く見られます。froid → froideur、grand → grandeur、lent → lenteur、profond → profondeur などがそうです。基本形が -e で終わっている形容詞は large → largeur のように -e を取ってから -eur をつけます。また、blanc (blanche) → blancheur、doux (douce) → douceur、long (longue) → longueur のように特殊な女性形の語末の -e を取って名詞化するものもあるので気をつけましょう。得点率は 14%でした。

**(3)** **A**：「彼は偽善的なふるまいで敵を作っている」

形容詞 hypocrite の名詞化で、正解は hypocrisie です。語尾 -ie を用いて名詞化する形容詞には、barbare → barbarie、courtois → courtoisie、malade → maladie、modeste → modestie などがあります。ただし hypocrisie の場合は、子音字と発音が形容詞から変化する変則的な名詞化になっているので注意が必要です。*hypocritesse*、*hypocrition*、*hypocrité* といった誤答が見られました。得点率はもっとも低く、8%にとどまりました。

**(4)** **A**:「彼らはこれらの書類をよりわけるのに数週間を費やした」

動詞 trier の名詞化を問う問題で、正解は tri です。不定詞が -ier で終わる動詞に対応する名詞が -i で終わるもの、つまり名詞化によって不定詞の語末の -er を取り除いた形になる例は少なくありません。crier → cri、défier → défi、oublier → oubli、(se) soucier → souci などです。これまでも問題1では何度も問題に取り上げられていますので、この機会に復習してください。また trier の場合は triage という名詞化も可能ですので、こちらも正答になります。得点率は 42%でした。

**(5)** **A**:「どうして咳ばかりしているの？」

動詞 tousser「咳をする」に対応する名詞を問う問題です。正解は toux です。*tousse* という誤答が多く見られました。ところで「くしゃみ」はなんというかわかりますか？　動詞は éternuer「くしゃみをする」、名詞は éternuement「くしゃみ」です。得点率は 43%でした。

問題1全体の得点率は 26%でした。

**解答**　(1) oppression　(2) lourdeurs　(3) hypocrisie
(4) tri　(5) toux

**2**　**解説**　多義語の問題です。2 つの文 **A**、**B** の空欄両方に入る同じ 1 語を選択肢から選んで解答します。

**(1)** **A**、**B** はともに、空欄の前後が名詞句になっています。ですから空欄には直接目的語をとる動詞の活用形が入ることがわかりますが、① attend「待っている」を選んだ回答が多くありました。たしかに **A** の Ce couple と son mariage をつなぐ動詞としてはあてはまりますが、**B** の Ce produit と les matières grasses をつなぐ動詞にはなりません。正解は② dissout です。動詞 dissoudre には「解消する、溶かす」という意味があります。文意は、**A**「そのカップルは結婚を解消する」、**B**「この製品は脂肪質を溶かす」となります。**B** は洗剤などが油脂分を溶かすイメージです。得点率は14%にとどまりました。

**(2)** **A** は空欄の前が定冠詞 La、**B** は空欄の前が aucune ですから、空欄には単数の女性名詞が入ることがわかります。選択肢のなかで単数の女性名詞になりうるのは⑥ ligne、⑦ physique、⑧ prise です。**A** の空欄のあとには de sang とありますが、sang「血」には冠詞がありませんから、空欄に入る名詞をふくめて、ひとかたまりの名詞句になることが予想されます。正解は⑧ prise です。prise de sang は「採血」という意味になります。文意は、**A**「採血はたいていの場合静脈でおこなわれる」、**B**「罰は彼になんの影響もあたえなかったようだ」となります。なお veine は「静脈」ですが、それでは「動脈」は？ artère ですね。いっしょに覚えてしまいましょう。得点率は40%でした。

**(3)** **A** も **B** も、再帰代名詞 se がエリジオンをした s' のあとに空欄があります。ですから母音で始まる動詞の活用形が入ることがわかります。正解は⑤ étend です。代名動詞 s'étendre は「広がる、およぶ」という意味になります。**B** に使われている表現 s'étendre sur *qc* は、「～について長々と話す」という意味になります。文意はそれぞれ、**A**「隣人たちの地所は国境まで広がっている」、**B**「君の発表は細部を長々と話しすぎているよ」となります。得点率は71%でした。

**(4)** **A** の空欄は女性名詞 réponse のうしろにあり、**B** の空欄は la peinture の属詞になっています。空欄には形容詞の女性形が入ることがわかります。正解は形容詞 sec の女性形、⑨ sèche です。形容詞 sec には「乾いた、乾燥した」という意味のほか、人柄やことばなどが「そっけない、冷淡な」という意味があります。**A** は「残念ながら、私は冷淡な返事だけを受け取った」、**B** は「壁にさわらないでください。ペンキがまだ乾いていませんから」となります。得点率は88%でした。

**(5)** **A** は定冠詞 la のあと、**B** は所有形容詞 sa のあとに空欄があるので、単数の女性名詞が入ることがわかります。**A** に使われている動詞が pêcher「釣りをする」ですから、関連のある名詞をさがすのはむずかしくありません。正解は⑥ ligne となります。pêcher à la ligne は、ligne「釣り糸」を使って釣りをすることをいいます。文意は、**A**「私の父は釣りに出かけた」、**B**「彼（女）の息子は体の線のことばかり考えて、多く食べない」となります。**B** のほうから空欄に入る語をさがして、うっかり⑦ physique を選んでしまった受験者もいました。男性名詞 physique にはたしかに「肉体、容姿」という意味がありますが、女性名詞 physique は「物理学」です。物理学のことばかり考えて多く食べない、ということもあるかもしれませんが、いずれにせよ **A** には入りません。得点率は56%でした。

問題[2]全体の得点率は54%でした。

**解答** (1) ②　(2) ⑧　(3) ⑤　(4) ⑨　(5) ⑥

## 3

**解説** 文中の空欄にあてはまる適切な前置詞を選び、文を完成させる問題です。

**(1)** Elle a avoué le crime (sous) la contrainte.「彼女は強いられて罪を認めた」

contrainte「強制、拘束」は動詞 contraindre「～を強いる」の名詞化です。作用や影響を表わす前置詞 sous を用いた表現 sous la contrainte は「強いられて、強制されて」という意味になります。sous l'influence de「～の影響を受けて」などと同じ sous の使い方です。おなじく contrainte を用いた par la contrainte という表現もあります。この par は「～によって」という意味ですから、こちらは逆に「強制」を行使する側、つまり「力づくで」という意味になります。得点率は22%でした。

**(2)** Il est préférable de se tenir (à) la poignée dans le bus.「バスのなかでは吊り革につかまっているほうがいい」

poignée は「取っ手、ノブ」など、握ってつかむものを指す語です。したがって、この文章ではバス車内の「吊り革」を指すということがわかれば、se tenir à *qc*「～につかまる」という表現をあてはめることができます。得点率は42%でした。

(3) Ne te fâche pas ; je disais juste ça (pour) rire.「怒らないでよ、冗談で言っただけなんだから」

pour rireは「冗談に、面白半分に」という表現です。なお、その反対の意味になる「本気で、本当に」は、おもに口語表現ですがpour de vraiといいます。得点率は63%でした。

(4) Notre fils de 16 ans agit déjà (en) adulte.「私たちの16歳の息子はもうおとなとしてふるまっている」

「〜として」という資格を表わす前置詞enの用法を問う問題です。parler en ami「友人として話す」やrecevoir *qc* en cadeau「〜を贈りものにもらう」などと同じ用法です。得点率は36%でした。

(5) On a besoin d'un carton (de) taille moyenne.「中くらいのサイズの段ボールが1つ必要なんです」

物の大きさや人の背丈についての、tailleを用いた表現です。de taille moyenne「中くらいの」のほか、de grande taille「大きい、大型の」、de petite taille「小さい、小型の」もいっしょに覚えておきましょう。得点率は36%でした。

問題3全体の得点率は40%でした。

**解答**　(1) ⑧　(2) ①　(3) ⑦　(4) ⑥　(5) ④

**4** **解説** 文章の展開をたどりながら、空欄に該当する動詞を選び、適切な活用形に改める問題です。解答には動詞の法・時制、および過去分詞の一致に関する正確な知識が求められます。

出題の文章は、ある工場が突風で受けた被害についての記事です。

(1) Vers minuit, cette entreprise spécialisée dans la production d'alliages ( 1 ) sa cheminée de 30m de haut s'effondrer sur son toit, rapporte *Le Parisien*.

文章は「10月15日土曜日から16日日曜日にかけての夜にフランスの一部を吹き抜けた突風は、エポーヌ（イヴリーヌ県）にあるアクア社の工場に激しく被害をもたらした」という文から始まっています。空欄のある2文目は、「真夜中近くに、合金の製造を専門とするこの会社は」のあとが空欄になっています。空欄には動詞が入ることが予想されますが、その数語あとにs’effondrer「崩れる」という、動詞の不定詞があることに注意してください。ここにはvoirが入ります。voir + *qn*/*qc* + *inf.*（*qn*/*qc* と *inf.* は逆になることもあります）は「～が～するのが見える」という意味になります。したがって(a vu)が正解です。なお、空欄のある文の最後にはrapporte *Le Parisien* とありますが、報道の内容などを伝える際には、このように引用文の話者・筆者を主語と動詞の単純倒置で示します。「真夜中近くに、合金の製造を専門とするこの会社は、高さ30メートルの煙突が屋根の上に崩れるのを目にしたと『ル・パリジャン』は伝えている」

誤答には *s’est laissée* など se laisser を用いたものが見られました。se laisser + *inf.* は「～されるままになる」という意味ですが、空欄の直後に sa cheminée de 30m de haut があるので入れることはできません。たとえそれがなくとも、s’effondrer sur son toit とありますから、主語の cette entreprise「この会社」が、son toit「その屋根」の上に崩れることはできません。文章の構造をしっかりとらえてください。得点率は20%でした。

**(2)** Heureusement, personne ne (　2　) présent sur les lieux au moment des faits.

「幸いなことに」と始まったあとに、personne「だれも～ない」という構文がつづいています。前の文で工場の被害が報告されているのですから、この文の内容は、それにもかかわらず人的被害がなかった、といった意味になることが予想されます。複数形の lieux は「（事件などの）現場」で、au moment des faits は「事故が起きたとき」ですから、当時の状態を半過去で表わす (se trouvait) を空欄に入れれば「だれもそこにいなかった」という意味になります。「幸いなことに、事故が起きたときには現場にはだれもいなかった」

誤答には、*s’est trouvé(e)* と複合過去形にしたものが見られました。得点率は16%でした。

**(3)** Il faudra en effet qu'on (　3　) la cheminée pour reprendre l'activité.

「製造は停止を余儀なくされ、工場は数週間休業すると工場長のフレデリック・ボネは同紙に話した」という文章のあとに空欄のある文章がつづきます。非人称構文 il faut que + *sub.*「〜しなければならない」の直説法単純未来形で、que にみちびかれる節の動詞が空欄になっています。on を主語とした接続法が入ることがわかりますが、動詞を選ぶには pour reprendre l'activité「活動を再開するには」という表現も大きなヒントになります。正解は、reconstruire「〜を再建する」の接続法現在形 (reconstruise) です。「事実、活動を再開するためには煙突を再建する必要があるだろう」

reconstruire を選ぶことのできた受験者は多かったものの、得点率は12%にとどまりました。*reconstruisse* や *reconstruit* など活用の誤りが多かったためです。

**(4)** Dès hier, une enquête (　4　) pour évaluer l'étendue des dégâts et comprendre pourquoi la cheminée a cédé.

「早くもきのうには」と始まった文章で、une enquête「調査」を主語にした動詞が空欄になっています。demander une enquête「調査をおこなう」という表現から、動詞 demander の受動態 (a été demandée) が空欄に入ります。「早くもきのうには、被害の規模を見積もるため、またなぜ煙突が折れたのかを理解するための調査がおこなわれた」

動詞 demander を選択できても、直説法現在形の受動態 *est demandée* や、半過去形の受動態 *était demandée* などの誤りが見られました。また性数一致を忘れて *a été demandé* とした解答もありました。得点率は19%でした。

**(5)** Mais si l'arrêt de la production s'éternise, cela ne (　5　) pas pour honorer toutes les commandes.

新しい段落が、「その結果を待つ間、約40人の従業員は操業停止による期間の定まらない失業状態になってしまっている」という文章から始まります。つづいて「とくに蛇口会社に商品を納入しているアクア社は、数日間はストックに頼ることができるだろう」とあり、そのあとに空欄をふくむ文章がきています。「しかし、もし製造の停止が長びけば」という仮定のあと、cela を主語にして、否定におかれた動詞が空欄になっています。cela は前文の後半の内容、つまりストックに頼ることを指しています。suffire pour +

*inf.*「～するのに十分である」という表現を知っていれば、動詞 suffire を選ぶのはむずかしくないはずです。〈si + 直説法半過去〉の非現実の仮定であれば主節は条件法になりますが、〈si + 直説法現在〉の単なる仮定に対しては主節は直説法を用います。ここでは文脈から直説法単純未来形となり、正解は (suffira) です。「しかし、もし製造の停止が長びけば、それですべての注文に契約どおりに対応することはできないだろう」

誤答には revenir を選んで *reviendra* としたものがありましたが、revenir de で「～から回復する」ですので、ここの構文には合いません。suffire を直説法現在形にした *suffit* や条件法現在形の *suffirait* などがありました。得点率は 23%でした。

問題4全体の得点率は 18%でした。

**解答**　(1) a vu　(2) se trouvait　(3) reconstruise
(4) a été demandée　(5) suffira

**5**　**解説**　長文を読み、空欄に対応する文の一部を選択肢から選んで文を完成させる問題です。

出題の文章は、2021 年に世界中の 50 万人の学生を対象にしておこなわれたアンケートに示された、才能や自信に関しての男女の意識差についてです。

**(1)**　第 1 段落では、アンケートの概要が述べられています。アンケートは「失敗したとき、自分に才能が足りなかったせいではないかと思う」という質問への答えですが、空欄のある文章にはその結果が書かれています。「調査対象の 68 ヵ国中、ひとつを除いてすべての国が、同じ成績であっても女子学生は」につづく、男子学生との比較の文章のなかに空欄があります。② consacraient moins d'efforts は「自分たちの失敗を才能の欠如に帰する努力を［男子学生よりも］しなかった」、③ n'étaient pas aussi disposées は「自分たちの失敗を才能の欠如に帰する傾向が［男子学生ほど］なかった」という文意になりますが、それでは空欄のうしろにある、「男子学生は、より外的要因を非難しようとする」と一致しません。正解は① avaient davantage tendance で、「女子学生は、自分たちの失敗を才能の欠如に帰する傾向が［男子学生よりも］あった」という文意になります。得点率は 71%でした。

(2) 女子学生が自分の失敗を才能の欠如に帰する傾向が、Contrairement à ce que l'on attendait「人々の予想とは逆に」どのような環境下でとくに見られるか、ということが問題になっています。本来は女子学生が才能の欠如を感じるとは思われない環境、つまり男女間の平等が達成されている環境が予想されます。したがって、男女間の平等が② loin d'être accomplie「達成までほど遠い」や、③ relativement absente「比較的に欠如している」は文脈に合いません。正解は① le mieux respectée「もっとも尊重されている」です。得点率は67%でした。

(3) 第2段落は「調査を実施した研究者のひとりであるMatthew Essenは「この現象に対する満足のいく説明はありません」と語った」と始まっています。それにつづく文章の主語が空欄になり、「はすでに過去にも認められた」とつづいています。② La corruption sociale「社会の堕落」、③ Une telle adresse「こうした巧妙さ」は、いずれもここまで語られてきた文脈に合致しません。正解は① Cette bizarrerie apparente「この目を引く奇妙な点」です。得点率は62%でした。

(4) plus... moins...「〜するほど、ますます〜しなくなる」という構文になっています。後半は「ますます彼女たちは、彼ら［＝男子学生たち］とくらべた自分に自信がもてなくなる」という文意です。① essayent désespérément d'échapper「(男子学生たちに) 気づかれないように必死に努力をする」は文脈に合いませんし、③ se croient supérieures「(男子学生たちよりも) 自分たちが優れていると思う」では、文の後半と合致しません。② pensent manquer de talent par rapport「(男子学生たちよりも) 才能が欠けていると考える」が正解になります。得点率は75%でした。

(5)「純粋な才能という幻想から抜け出さなくてはいけない」とMatthew Essenは語ります。「もしこの考えを捨てることができれば」のあとのcelleは、前出の名詞idéeを受けています。ですから空欄のあとは「女子たちが生まれつき男子たちよりも才能に欠けているという考えを」という意味になります。① d'autres enquêtes donneront「他の調査があたえるだろう」、② les garçons renforceront「男子たちはより強固にするだろう」では、その前のMatthew Essenの発言と矛盾してしまいます。正解は③ on éliminera également「同様に排除するだろう」です。得点率は73%でした。

問題5全体の得点率は70%でした。

**解答** (1) ① (2) ① (3) ① (4) ② (5) ③

**6** **解説** 長文を読み、設問として示されている文の内容が本文の内容に一致するかどうかを判断する問題です。

出題の文章は、大晦日のパーティーで新年を祝うことに対する、人々の近年の反応に関するものです。

**(1)**「著者は、ある人々が新年を祝うのは孤独を恐れるためだと考えている」

第1段落の4文目にNaturellement, il y a des gens qui continuent à observer la tradition parce qu'ils ont peur d'être seuls.「もちろん、ひとりになることを恐れて、伝統を守りつづけている人たちはいる」とあります。ここでのobserverは「〜を守る、遵守する」という意味で、la traditionは新年を祝うことを指します。設問文は本文の内容と一致します。得点率は77%でした。

**(2)**「バレンタインデーはあまりに商業的なお祝いだと思っている人々がいる」

第2段落の最初の文はPour certains, le réveillon est devenu un peu comme la Saint Valentin, qui a fini par lasser pas mal de monde par son côté imposé et commercial.「ある人々にとっては、大晦日のパーティーは少しばかり、義務的で商業的な側面によって少なくない人々をうんざりさせることになったバレンタインデーのようになった」とあります。設問文は本文の内容と一致します。得点率は82%でした。

**(3)**「Léaは新年を一度も祝ったことがない」

第2段落でLéaはreste bien au chaud chez elle depuis quelques années「ここ数年は自宅で暖かく過ごしている」とあり、またLéa自身が語る内容にも、大晦日のパーティーでの浪費を語ったあとにJe ne veux plus commencer la nouvelle année avec le sentiment d'avoir raté quelque chose.「もうなにか

に失敗したという気持ちで新たな年を始めたくありません」とあるので、Léaが以前、大晦日のパーティーで新年を祝った経験があることは明らかです。設問文は本文の内容と一致していません。得点率は88%でした。

**(4)**「Léaによれば、もし大晦日のパーティーがしっかり準備されていれば、ひじょうにうまくいく可能性がある」

第2段落でLéaはMais on a beau tout organiser, elle est toujours décevante.「でもいくら準備しても無駄で、パーティーはいつも期待はずれです」と語っています。avoir beau + *inf.*「いくら〜しても無駄である」という表現です。設問文は本文の内容と一致していません。得点率は83%でした。

**(5)**「Léaは人々を過剰な消費にかりたてる広告を批判している」

第2段落目の後半部でLéaはOn est envahis par la publicité, et les gens achètent des quantités trop grandes de nourriture qu'ils gaspilleront forcément.「人々は広告に侵略されており、あまりに大量の食料を買い、必然的にそれらを無駄にすることになる」と語っています。設問文は本文の内容と一致しています。得点率は96%でした。

**(6)**「年から年への移行は、不安を引き起こす可能性のある要素である」

第3段落目の冒頭に、Parfois, c'est le passage d'une année à l'autre qui angoisse.「ときに、不安を招くのは年から年への移行である」とあります。設問文は本文の内容と一致します。得点率は83%でした。

**(7)**「Camilleにとって、終わる年はむしろ幸せなものだった」

第3段落では、Je n'ai pas tellement envie de fêter l'année qui finit, dit-elle, parce que celle-ci ne s'est pas très bien passée「終わる年を祝いたいとはそんなに思いません、なぜならそれはあまりうまくいかなかったからです、とCamilleは言う」とあります。つづいてje ne pense pas que celle qui va commencer sera meilleure「これから始まる年のほうがいいものだと思わない」とも言っています。Camilleにとって「終わる年」がいいものでなかったのは明らかです。設問文は本文の内容と一致していません。得点率は93%でした。

(8)「著者によれば、私たちはますます不安定になる世界に生きている」

文章の末尾では、le passé est sombre et l'avenir menacé par des problèmes politiques, économiques, sociaux, etc.「過去は暗く、未来は政治、経済、社会などの問題でおびやかされている」とあります。構造が対になっている文章では、1つ目の文章と同一の場合、2つ目の文章の動詞が省略されます。l'avenir のあとに est をおぎなって読んでください。設問文は本文の内容と一致しています。得点率は87%でした。

問題6全体の得点率は86%でした。

**解答** (1) ① (2) ① (3) ② (4) ② (5) ① (6) ①
(7) ② (8) ①

**7** **解説** 長文を読み、その内容を設問にしたがって日本語で要約する問題です。出題の文章は旅が人格形成にあたえる影響についておこなわれた研究結果を紹介したものです。

(1) 第1段落冒頭ではまず「旅というと、冒険、自己を乗り越えること、リラックスすることやリセットすることを考えるものだ」という説明があり、「それは正しい」と肯定されたあと、「カナダの2つのグループによって連続しておこなわれた研究が、実際に旅が私たちの人格に好ましい影響をあたえることを科学的に示している」と指摘されます。

この指摘につづく第2段落に設問(1)に対する正答をみちびく鍵があります。La première équipe fait d'abord remarquer que les gens qui voyagent dans différents pays pour des périodes prolongées font plus confiance aux autres que ceux qui ne le font pas.「長い期間、さまざまな国を旅した人は、旅をしなかった人よりも他人により信頼をおくことを、1つ目のグループがまず指摘してくれる」や、Plus le nombre de pays visités est grand, plus la confiance générale envers les autres est élevée.「訪れた国の数が多いほど、他人への一般的な信頼感は高くなる」、Cette confiance est liée à un autre avantage : voyager nous ouvre davantage aux nouvelles expériences et diminue nos réticences à faire certaines choses qu'on ne ferait normalement pas.「この信頼はもうひとつの利点と結びついていて、それは旅することで

新しい経験にさらに心を開き、ふだんならばしないような事柄を実行するにあたって覚えるためらいを減らすことだ」と説明されていますから、これらは1つ目の研究者グループが指摘した旅行の利点です。すべて直訳してしまうと指定された字数に収まりませんから、どのようにまとめるかが工夫のしどころです。得点率は49%でした。

**(2)**　この設問に取り組むには、第3段落で説明されていることに着目します。L'autre équipe souligne que les personnes ayant visité divers pays sont plus humbles à leur retour.「もうひとつのグループは、さまざまな国を訪れた人は帰国後により謙虚であることを強調している」、そしてDe plus, prendre des vacances augmenterait l'efficacité des travailleurs.「そのうえ、バカンスを取ることで労働者の効率が向上しうる」とも書かれてありますから、この2点が設問で問われている旅行からもどった人たちに見られる変化の説明の部分であることがわかります。回答ではhumbleが「謙虚だ」という意味だとわからず、十分な内容にはならなかったものが多く見られました。得点率は低く、24%にとどまりました。

**(3)**　この設問には最後の段落で説明されていることすべてがかかわりますが、2つ目の文のLes chercheurs affirment même que simplement réserver un billet d'avion est déjà un pas en avant vers le bonheur !「研究者たちは飛行機のチケットを予約するだけで幸せに一歩前進なのだと断言すらします」は1つ目の文を具体的な例で言い換えたものにすぎません。1つ目の文ではDe façon générale, les gens qui ont un projet de voyage sont plus heureux, car ils prévoient concrètement les expériences qui les attendent.「一般的には、旅行の計画がある人はずっと幸せで、それはこれから経験することを具体的に思い描くからだ」と説明されていますから、旅行の計画だけで近い将来を具体的に思い描くことになり幸せになることが理解されます。得点率は49%でした。

問題7全体の得点率は41%でした。

**解答例**　(1) 他人を信頼し、新たな経験に積極的に挑戦し、ちがう見方や生き方を知るという利点。(39字)

(2) 謙虚になり、仕事の効率があがる。(16字)

(3) 旅行の計画をすれば近い将来を具体的に思い描くことで幸せになれる。(32字)

## 8 解説 和文仏訳の問題です。

**第1文:「私の父は、ある日ふだん乗っているバスに乗りそこねた。」**

訳例:Un jour, mon père a raté le bus qu'il prenait d'ordinaire.

和文仏訳は多くの受験者が苦戦する問題ですが、基本的なフランス語の語彙や表現がマスターできていないことによる失点がめだちます。たとえば、冒頭の「私の父」という一節について、*ma* père としている答案がめだったのはその好例です。所有形容詞の正しい使い方を意識することが大切です。*pére* や *pêre* とした誤答も驚くほど多くありました。正しいアクサンで覚えましょう。

「ある日」は、解答例のほかに une fois や un beau jour と書くこともできます。「ふだん乗っているバス」という一節の「ふだん乗っている」については、解答例に補足して il avait coutume d'emprunter / il avait l'habitude de prendre / il prenait d'habitude と書くこともできます。ただ、*le bus que il prenait d'ordinaire* のようにエリジオンをせずに書いてしまう誤答が見られました。基本的な文法事項に注意することが必要です。

「乗る」には動詞 monter を使うこともできます。その場合は le bus dans lequel il montait en général とし、*le bus qu'il montait* ではありません(「彼が持ち上げていたバス」という意味になってしまいます)。*le bus qui montait* という誤答もたいへん多くありました。フランス語の文を作ったあと、その文を和訳してみましょう。自分でまちがいに気づくでしょう。「ふだん」という表現は、généralement / ordinairement / à l'accoutumée を使うこともできます。

「乗りそこねた」に動詞 *échouer* を用いた誤答が多くありましたが、この意味では使うことができません。また、解答例で使われている動詞 rater を思いつかなくても、mon père a manqué / est arrivé en retard à l'arrêt (du bus) / n'a pas pu prendre / n'a pas attrapé / n'a pas réussi à attraper といった表現を用いることができます。ただし、過去の話であるにもかかわらず、この1文だけを現在形で書いている誤答が多くありました。文章全体のそれそれの文の時制には注意をはらうようにしましょう。

**第 2 文：「次のバスで車内で倒れた女性を助けた。」**

訳例：Monté dans le suivant, il y est venu en aide à une passagère qui s'était écroulée.

ここで使われている Monté のかわりに Grimpé や Empruntant を使うことができます。「次のバス」を *le prochain (bus)* とした誤答がきわめて多くありました。解答例以外にも le bus suivant / celui d'après を使うこともできますが、*le suivé* や *le suivent*、*le souvent* と書いたものも多くありました。

「車内で倒れた」ですが、解答例のほかに s'était effondrée / s'était affalée / s'était évanouie / était tombée (par terre / au sol) / avait chuté / avait fait une chute と書くこともできます。どのような順序で説明するかにもよりますが、この解答例の順番ならば大過去を用いるようにします。

「女性を助けた」の「助けた」は、解答例で使われている venir en aide à のほかにも同じ動詞 venir を用いて est venu à la rescousse d' とすることもできます。別の動詞で、a secouru / a porté assistance / a prêté main-forte と表現することができます。一方で単に動詞 aider では手伝ったことにしかなりません。「女性」は解答例のようにせずとも、une femme / une dame でも十分です。ただしこの文脈では不定冠詞を用います。

**第 3 文：「それがきっかけとなって彼女と交際し、やがて結婚した。」**

訳例：À la faveur de l'incident, il est entré en relation avec elle, et a fini par l'épouser.

「それがきっかけとなって」は解答例の À la faveur de を À la suite de / Profitant de / Suite à とすることもできます。全体的に変えて L'incident lui a [donné / fourni] l'occasion d'entrer と書くことも可能です。l'incident は cet événement とすることができます。ただしアクサンをつけることを忘れないように注意が必要です。

「彼女と交際し」を解答例ではない形で書くならば、(mon père) a fait sa connaissance / s'est mis à la fréquenter / avait commencé à sortir avec elle と書くこともできます。

「結婚した」に動詞 épouser を使うのであれば、il l'a finalement épousée とすることもできますが、過去分詞の性数の一致に注意が必要です。動詞

se marier を用いて il s'est finalement marié avec elle と書くこともできますが、*il l'a mariée* では「彼は彼女を結婚させた」という意味になってしまいます。*ils ont mariagé* や *ils ont marié(s)* のような誤答も多くありました。

**第 4 文：「もしその日、父がいつもどおりの時間に家を出ていたら、私は生まれていなかった。」**

訳例：S'il était sorti de la maison à l'heure habituelle le jour en question, je ne serais pas né(e).

「その日」は、ce jour-là とするのがいちばん容易でしょう。そのほか、le jour « J » / le jour susdit と書くことができます。

「(父が) 家を出ていたら」を Si mon père [était parti / avait quitté] と書くことができます。また、Pour peu que mon père [fût / soit] sorti、あるいは Que mon père [fût / soit] sorti de la maison とできるでしょう。de chez lui（de を忘れないようにします）や de son domicile とすることもできるでしょう。

「私は生まれていなかった」は (et) je ne naissais pas とすることも可能です。動詞を名詞化して、ma naissance n'aurait pas eu lieu / ne se serait pas produite とも書くことができます。定型表現の voir le jour を用いて je n'aurais jamais vu le jour あるいは単に je ne serais pas de ce monde (aujourd'hui) とすることもできます。

得点率は低く、16%でした。

**解答例** Un jour, mon père a raté le bus qu'il prenait d'ordinaire. Monté dans le suivant, il y est venu en aide à une passagère qui s'était écroulée. À la faveur de l'incident, il est entré en relation avec elle, et a fini par l'épouser. S'il était sorti de la maison à l'heure habituelle le jour en question, je ne serais pas né(e).

# 書き取り・聞き取り試験

**解説・解答**

## 書き取り試験

**解説** 子どものときにガンのために片脚を失った女性が、おとなになって看護師として病に苦しむ子どもたちの心の支えになり、このたび宇宙を旅行することになったという話です。

出題文は7つの文からなりますが、以下そのうちの4つについて多くの受験者がつまづいた箇所を中心に見ていくことにします。全体の得点率は29%でした。

第2文：À 10 ans, Louise a été atteinte d'un cancer des os et elle a eu une jambe coupée.

この文が受動態の文だと気づかなかった解答が多く、*Louise a était* とした誤答が多くありました。また、受動態であるとわかったものの、主語が女性であるにもかかわらず *a été atteint* とした誤答が多くありました。受動態とはわかっても、動詞 atteindre の過去分詞を正しく把握できていなかったために、*a été attent(e)*、*a été attendu(e)* という誤答も多くありました。

des os はリエゾンをした音のために *des eaux* や *des eux*、*des yeux*、*des œufs* との混同が多くありました。母音を正しく聞き取ることが大切です。鼻母音がある jambe も注意ぶかく聞き取るようにしましょう。*genre* や *gens* のような意味がことなる単語の誤答がある一方で、*jambre* や *jombe* のようなつづりの誤りもありました。直前が une ですから *jambes* と複数になることはありません。coupée も動詞 couper の過去分詞だと理解できずに *à couper* とする解答が見られました。

第3文：Mais malgré toutes ces difficultés, elle est devenue infirmière et encourage maintenant les enfants qui souffrent de la maladie qu'elle a eue.

この文では、動詞 devenir が複合過去形で助動詞に être をとるために性数の一致が必要であることを失念して *devenu* としている解答が多くありました。この文では途中から時制が変わり現在形になりますが、maintenant があるのでそのことに気づいたら encourage が動詞 encourager の現在形だと気づくことができたはずです。しかし、*encouragé* と過去分詞にしたり、*en courage* と 2 語に分けた解答が数多くありました。耳で聞き取った音声情報と、自分がつちかってきた語彙力、文法知識をもとに、どのようにつづれば正確なフランス語の文になるか考えながら 3 分間の見直し時間を有効に使ってほしいと思います。

動詞 souffrir は前置詞 de を必要とします。その文法知識があれば de を書き忘れることはなくなっていたことでしょう。この動詞の主語は les enfants で三人称複数ですから、*souffre* となることはありません。*souffle(nt)* とする解答も多く、r と l の聞き取りに注意が必要です。またこの文の最後の部分を *qu'elle a eu* とする誤答がたいへん多くありましたが、これも過去分詞の性数の一致に注意することで避けることができたはずです。

第 6 文：Elle a été sélectionnée par des gens qui voulaient récompenser un membre du personnel médical, et que la vie de l'infirmière avait touchés.

動詞 vouloir の活用は不規則ですが、半過去形に慣れていないためか *veulaient* になった誤答や、*venaient* にしてしまい動詞 venir と混同してしまっているものがありました。つづく récompenser は *récomponser*、*recompenser*、*réconpenser*、*récompencer* とさまざまなつづりのまちがいがありました。そのあとにある personnel も、*perssonnel*、*personel*、*personnell*、*personne* と正しいつづりが書けなかった解答が多くありました。一方で personnel médical は du があるので冷静に考えれば単数だとわかりますが、*personnels médicaux* とする誤答も多くありました。また、médical を *musical* とする解答も少なからずありましたが、infirmière の話であることを考えればまちがいは避けられたはずです。その infirmière のつづりを、*infirmier*、*infermière*、*enfermier*、*enfermière* とする誤答も多くありました。正しいつづりを心がけましょう。最後の touchés は先行詞が des gens であるために、過去分詞が性数の一致から s をともないます。遠い位置に先行詞があるために短い時間で判断することがむずかしかったかもしれませんが、動詞 toucher が「心をうつ」の意味で用いられていることが理解できれば、全体的な意味から構文を把握できたはずです。

第 7 文：Louise devrait être la première Française handicapée à se rendre dans l'espace.

この文は意外にも基本単語の devoir の条件法の活用が難所だったようです。*deverait*、*douv(r)ait*、*devait* が数多く見られました。直後の動詞 être とリエゾンしたために、être を *tête* と聞きちがえた誤答も多くありました。序数の première は *premiere*、*prémier*、*promier* としたつづりが多くありました。略号にしたものの *1^er^* と男性形だったものも多くありました。

à se rendre は構文そのものが理解できなかったのか、*à ce rendre*、*à selon de* となってしまった誤答があり、空欄も多くありました。語彙力強化と構文の理解力を合わせてレベルをあげるようにしましょう。

**解答** À cause de la maladie, l'enfance de Louise n'a pas été facile. À 10 ans, Louise a été atteinte d'un cancer des os et elle a eu une jambe coupée. Mais malgré toutes ces difficultés, elle est devenue infirmière et encourage maintenant les enfants qui souffrent de la maladie qu'elle a eue. Louise est l'héroïne des enfants qu'elle côtoie, car elle va aller dans l'espace. Ce sera un vol de trois ou quatre jours. Elle a été sélectionnée par des gens qui voulaient récompenser un membre du personnel médical, et que la vie de l'infirmière avait touchés. Louise devrait être la première Française handicapée à se rendre dans l'espace.

## 聞き取り試験

### 1

(1) Elle est (　　　) de la (　　　).

(2) Elle s'est (　　　) et, peu à peu, ses (　　　) sont devenus moins précis.

(3) Elle lui a raconté les (　　　) qu'elle avait eues à (　　　) seule ses trois enfants.

(4) Il a (　　　) à la (　　　).

(5) Quand sa mère lui a (　　　) des (　　　) qu'elle aimait.

**（読まれるテキスト）**

La journaliste : Vous venez de réaliser un film sur votre mère. Pouvez-vous nous en parler ?

Bertrand : C'est une œuvre dans laquelle je donne la parole à ma mère, décédée de la grippe il y a dix mois.

La journaliste : Elle était affaiblie depuis quatre ans, c'est bien ça ?

Bertrand : Oui. Petit à petit ses souvenirs sont devenus moins précis.

La journaliste : Vous avez pourtant réussi à la faire parler ?

Bertrand : Oui. Elle m'a raconté beaucoup de choses. Par exemple, elle m'a dit combien il lui avait été difficile d'élever toute seule ses trois enfants.

La journaliste : Elle avait divorcé ?

Bertrand : Non. Mon père avait disparu à la guerre peu après ma naissance.

La journaliste : Quel a été le moment le plus fort pour vous lorsque vous avez tourné ce film ?

Bertrand : C'est quand ma mère a chanté des chansons qu'elle aimait. Ça m'a tellement ému que j'en ai pleuré.

**（読まれる質問）**

un : Il y a dix mois, qu'est-ce qui est arrivé à la mère de Bertrand ?

deux : Comment la mère de Bertrand a-t-elle vécu ses quatre

dernières années ?

trois : Qu'est-ce que la mère de Bertrand lui a raconté en particulier ?

quatre : Qu'était devenu le père de Bertrand ?

cinq : Quand Bertrand a-t-il pleuré ?

**解説** フランス語の対話文（インタビュー形式であることが多いです）とその内容に関する質問を聞き取り、質問に対する答えとなる空欄をうめて完成させる問題です。今回は今は亡き母親を生前に録画して映画を製作した男性に対するインタビューです。

**(1)** 「今から10ヵ月前にBertrandの母親に何が起こったのか」という質問です。Bertrandの1つ目の発言、とりわけC'est une œuvre dans laquelle je donne la parole à ma mère, décédée de la grippe il y a dix mois.「それは、10ヵ月前にインフルエンザで死んだ私の母親に話をしてもらった作品です」という一節に注目しましょう。すると1つ目の空欄にはdécédéeを入れるとよいとわかります。1つ目の空欄については、*décédé*と主語との性数の一致がなされていないものや、*décedée*とアクサンがない解答がありました。なお、この空欄にmorteを入れてもかまいません。2つ目の空欄については、死因となった病名を書けばよいのでgrippeが入ります。*grip*のようなつづりのまちがいが見られました。得点率は順に37%、42%でした。

**(2)** 「Bertrandの母親は最後の4年間の生活はどのようなものでしたか」という質問です。記者の2つ目の質問Elle était affaiblie depuis quatre ans, c'est bien ça ?「彼女は4年来衰弱していた、そうなのでしょう？」と、Bertrandの2つ目の発言Petit à petit ses souvenirs sont devenus moins précis.「少しずつ彼女の思い出は明瞭さを欠いていった」が対応します。s'estのあとにある空欄ですから代名動詞であることが理解され、過去分詞にして女性単数の主語に対応させたaffaiblieを1つ目の空欄に入れます。*morte*とした解答が多く見られましたが、この時点では母親は死んでいません。得点率はたいへん低く7%でした。2つ目の空欄にはsouvenirsを入れます。所有形容詞

sesが直前にありますから、複数形で入れる必要があります。得点率は比較的高く62%でした。

**(3)**「Bertrandの母親はとりわけどのようなことを彼に語ったのか」という質問です。Bertrandの3つ目の発言、Par exemple, elle m'a dit combien il lui avait été difficile d'élever toute seule ses trois enfants.「たとえば、ひとりで3人の子どもたちを育てることがどんなに大変だったか、と彼女は私に言いました」に着目しましょう。1つ目の空欄については直前に定冠詞のlesがあることから、形容詞difficilesを名詞化させて複数形にしたdifficultésが入ります。2つ目の空欄の直後はseuleですが、さらにその先にses trois enfantsとありますから、動詞éleverが入ることがわかります。この2つ目の空欄には*lever*を入れた誤答が多く見られました。またBertrandの発言ではd'éleverであったことから、これを動詞1語と誤解して*délever*と書いた答案も多くありました。得点率は順に39%、28%でした。

**(4)**「Bertrandの父親はどうなったのですか」という質問です。Bertrandの4つ目の発言、Mon père avait disparu à la guerre peu après ma naissance.「私の父は私が生まれてほどなく戦争で行方不明になってしまっていたのです」という一節が対応します。1つ目の空欄については、動詞disparaîtreの過去分詞のdisparuが、2つ目の空欄については定冠詞laがあることからguerreが入ります。1つ目の空欄に*mort*を入れた答案が多くありましたが、それならば直前の助動詞はêtreの活用したestでなくてはいけないはずです。助動詞avoirの活用したaがありますから、disparuしか入りません。2つ目の空欄に*guère*や*guèrre*と書いた誤答が多くありました。正しいつづりに注意しましょう。得点率は順に76%と53%でした。

**(5)**「Bertrandはいつ泣いたのですか」という質問です。Bertrandの最後の発言、C'est quand ma mère a chanté des chansons qu'elle aimait.「私の母が好きだった歌を歌ったときです」という一節が対応しています。1つ目の空欄には動詞chanterの過去分詞chantéを、2つ目の空欄には直前に複数の不定冠詞desがありますからchansonsを入れます。1つ目の空欄には、*chantait*と半過去や*chanter*と不定詞を入れた誤答が見られましたが、空欄の直前に助動詞avoirの活用した形のaがあるので、半過去や不定詞は入りません。2つ目の空欄に *chançons* と書いた答案が多くありました。なお、chansons のかわりに chants や airs を入れてもよいでしょうが、*pièces* のようにあまりに漠然とした内容の名詞は適切ではありません。得点率は高く、順に 80%、82%でした。

聞き取り1全体の得点率は 51%でした。

**解答**
(1) (décédée) (grippe)
(2) (affaiblie) (souvenirs)
(3) (difficultés) (élever)
(4) (disparu) (guerre)
(5) (chanté) (chansons)

## 2

**（読まれるテキスト）**

Je suis vétérinaire à Nice et j’ai un beau-frère qui s’appelle Julien. Il vit dans un village des Alpes depuis dix ans. Il a une quarantaine de moutons. Ces dernières années, son troupeau a été attaqué plusieurs fois. En février 2021, deux agneaux ont été tués dans un pré situé juste derrière sa ferme. Julien a appelé la mairie au téléphone et le maire m’a demandé de pratiquer un examen des cadavres. Les pauvres bêtes avaient notamment été mordues à l’arrière des pattes. Pour moi, c’était l’œuvre d’un loup. Le mois dernier, cette fois, c’est une brebis qui a été attaquée dans les mêmes environs. Julien a laissé exprès le corps sur place et a installé un piège avec un appareil photo. Il a réussi à prendre en photo un énorme loup gris. Le lendemain matin, il a mis un message sur Internet pour prévenir la population. Il a décidé par ailleurs de déplacer tous ses agneaux dans une autre ferme. Quant au reste du troupeau, je lui ai conseillé de le mettre à l’abri dans la ferme. Mais il n'a pas pu suivre mon conseil. En effet, sa ferme est trop petite, et il ne peut y abriter que ses 14 brebis. Il va donc devoir trouver un moyen pour éloigner les loups.

**（読まれる内容について述べた文）**

un : Corinne est vétérinaire dans un village des Alpes.

deux : Julien a 14 moutons.

trois : Les moutons de Julien ont été attaqués une seule fois ces dernières années.

quatre : En février 2021, deux agneaux de Julien ont été attaqués dans un pré loin de sa ferme.

cinq : Le maire du village de Julien a demandé à Corinne d'examiner le corps des bêtes attaquées.

six : Le mois dernier, une brebis a été tuée derrière la ferme de Julien.

sept : Julien a oublié de récupérer la brebis tuée quand il a installé un piège.

huit : Le loup que Julien a photographié était très grand.

neuf : Julien a décidé de déplacer tout son troupeau dans une autre ferme.

dix : Julien n'a pas encore trouvé de moyen pour éloigner les loups.

**解 説** ある程度の長さの文章と、その内容について述べた設問文を聞き取り、後者の内容が前者と一致するかどうか判断する問題です。今回の文章は、羊を飼う牧場がオオカミに襲われた話です。

**(1)** 「Corinne はアルプスの村の獣医だ」。本文第 1 番目の文には、Je suis

vétérinaire à Nice「私［= Corinne］はNiceの獣医です」とありますので、設問文は本文の内容と一致しません。得点率は高く、88%でした。

**(2)**「Julienは14頭の羊をもっている」。本文第3番目の文には、Il a une quarantaine de moutons.「彼［= Julien］は40頭ほどの羊をもっている」とありますので、説明文は本文の内容と一致しません。得点率は高く、84%でした。

**(3)**「Julienの羊はこの数年で1度だけ襲われた」。本文第4番目の文には、Ces dernières années, son troupeau a été attaqué plusieurs fois.「この数年の間、彼の群れは数回襲われた」とありますので、説明文は本文の内容と一致しません。得点率は高く、91%でした。

**(4)**「2021年2月に、Julienの子羊2頭が牧場から離れた草地で襲われた」。本文第5番目の文には、En février 2021, deux agneaux ont été tués dans un pré situé juste derrière sa ferme.「2021年2月に2頭の子羊が彼の牧場のすぐ裏手にある草地で殺された」とありますので、説明文は本文の内容と一致しません。得点率は79%でした。

**(5)**「Julienの村長は、Corinneに襲われた動物の遺体を検査するよう依頼した」。本文第6番目の文には、Julien a appelé la mairie au téléphone et le maire m'a demandé de pratiquer un examen des cadavres.「Julienは村役場に電話をし、村長が私［= Corinne］に遺体の検査を依頼した」とありますので、説明文は本文の内容と一致します。得点率は77%でした。

**(6)**「先月、Julienの牧場の裏手で雌羊が1頭殺された」。本文第9番目の文には、Le mois dernier, cette fois, c'est une brebis qui a été attaquée dans les mêmes environs.「先月、今度は雌羊が1頭同じところで襲われた」とあります。同じところなのでJulienの牧場のすぐ裏手にある草地で殺されたので、説明文は本文の内容と一致します。得点率は74%でした。

**(7)**「Julienはわなをしかけたときに殺された雌羊を回収することを忘れた」。本文第10番目の文には、Julien a laissé exprès le corps sur place et a installé un piège avec un appareil photo.「Julien はわざと現場に遺体を残し、写真機といっしょにわなをしかけた」とありますので、説明文は本文の内容と一致しません。得点率は 80%でした。

**(8)**「Julien が写真におさめたオオカミはとても大きかった」。本文第 11 番目の文には、Il a réussi à prendre en photo un énorme loup gris.「彼［= Julien］は巨大なハイイロオオカミを写真に撮ることに成功した」とありますので、説明文は本文の内容と一致します。得点率は 67%でした。

**(9)**「Julien は別の牧場に群れを丸ごと移すことをきめた」。本文第 13 番目の文には、Il a décidé par ailleurs de déplacer tous ses agneaux dans une autre ferme.「ところで彼［= Julien］は子羊を全頭別の牧場に移すことをきめた」とあります。子羊を全頭移すことをきめたのであって羊を全頭ではありませんので、説明文は本文の内容と一致しません。得点率は低く、25%でした。

**(10)**「Julien はオオカミを追い払う方法をまだみつけていない」。本文第 17 番目、最後の文には、Il va donc devoir trouver un moyen pour éloigner les loups.「だから彼［= Julien］はオオカミを遠ざける手段をみつけなくてはならない」とあります。まだみつけていませんので、説明文は本文の内容と一致します。得点率は 69%でした。

聞き取り 2 全体の得点率は 73%でした。

**解答**

(1) ②　(2) ②　(3) ②　(4) ②　(5) ①
(6) ①　(7) ②　(8) ①　(9) ②　(10) ①

## 1次試験配点表

| 筆記試験 | 1 | 2 | 3 | 4 | 5 | 6 | 7 | 8 | 小計 | 書き取り | 小計 | 聞き取り | 1 | 2 | 小計 | 計 |
|---|---|---|---|---|---|---|---|---|---|---|---|---|---|---|---|---|
| | 10点 | 5 | 5 | 10 | 5 | 16 | 15 | 14 | 80 | | 20 | | 10 | 10 | 20 | 120 |

# 2 次 試 験

## 解 説

2 次試験の問題はすべて **A**、**B** 2 つのテーマからなり、どちらか 1 つを選択します。**A** は政治や経済、社会などに関する時事的な問題、**B** はより日常的、一般的な話題を扱ったものです。今回出題されたテーマは以下の組み合わせでした。どの組み合わせが受験者に手渡されるのかは、試験直前までわかりません。

なお、通常は日本会場用の問題とパリ会場用の問題の 2 セットがありますが、2022 年度はパリ会場での試験実施が中止されましたので、以下、日本会場用の問題についてのみ掲載、解説します。

1. **A)** 光熱費上昇が心配ですか。
   **B)** 日本では夫婦が同じ姓を持つことが義務づけられています。これについてどう考えますか。

2. **A)** ウクライナ戦争のフランスと日本への影響はどのようなものでしょうか。
   **B)** ストライキに賛成ですか、それとも反対ですか。

3. **A)** カタールでのサッカー・ワールドカップの企画は肯定的なことだったでしょうか。
   **B)** 紙の本はなくなってしまうと思いますか。

受験者は、面接の 3 分前に 1. ～3. のいずれかのテーマが書かれた紙を渡され、面接が始まるまでに **A**、**B** いずれかを選んでそのテーマについての考えをまとめておきます。入室後、面接委員（通常、フランス語を第一言語とする委員と日本語を第一言語とする委員の計 2 人）が氏名などに関してフランス語で簡単な質問をしますので、フランス語で答えてください。そのあと、選んだテーマについて 3 分間の exposé をおこない、つづいて、それに対する質疑応答が面接委員との間でおこなわれます（全体で約 7 分）。

面接委員による総合評価は以下の3点を軸にすえておこなわれます。

(1) 受験者の exposé の内容と構成、議論の展開における論理性、適切な具体例の提示による説得力。
(2) 面接委員からの意見や反論に的確に答え、自分の意見を展開できるインターラクティブなコミュニケーション能力。
(3) 受験者のフランス語の質（発音、文法、語彙力、表現力など）。

受験者の全体的な傾向として、あたえられた主題について、一貫して賛成か反対かのいずれかの立場に立って意見を述べようとする傾向が強いように思われます。しかし、フランスの学校教育にはディセルタシオンの伝統があります。これはあたえられた問題について、まず賛成の立場をとる人の論拠、次に反対の立場をとる人の論拠を示したうえで、最後にそれらを総合して自分の考えを述べるというものです。フランスの学校教育においてこうした訓練を受けてきた面接委員にとって、物事のあるひとつの側面にしか目を向けられていない口頭発表はものたりないという印象をあたえるようです。たとえば、2. **B)** のストライキの賛否については、ストライキをすることの重要性（届きにくい労働者の声をひろく社会に伝えることができる、など）と、問題点（諸サービスが滞る、ストライキに参加した労働者が会社のなかでむずかしい立場に立たされることがある、など）の双方をあげたうえで、最終的に自分がどちらの立場に立つのかを示すとよいでしょう。また、ストライキは日本ではあまりありませんが、フランスではひんぱんにありますから、フランスメディアの報道をつねに注意ぶかく確認して、日本の学習者としての自分の意見を述べることも内容のある exposé を展開するうえで有効な手段であると言えるでしょう。このように充実した発表を準備するには、日ごろから新聞や雑誌で議論されている問題に意識を向け、そこで用いられている語彙や表現をメモするなどして積極的に覚えていくことが求められます。時事的テクストを読み込む作業は、準1級から1級へのステップアップにもおおいに役立ちます。

3分間で自分の意見を述べるというのは日本語でも骨の折れることです。過去に出題されたテーマや実際に出題されそうなテーマについて、どのような議論が展開できそうかフランス語で文章にまとめてみることもよい訓練になるでしょう。なお、『仏検公式ガイドブック　セレクション　準1級』に複数年の過去問をそろえました。たくさんの問題に取り組み、しっかり対策を練ることによって、自信をもって試験にのぞめます。『セレクション』もぜひ参照してください。

# 学校別受験者数一覧

## 2022 年度春季　＜大学・短大別出願状況＞

出願者数合計が 10 名以上の学校を抜粋しました（50 音順）。

| | 学校名 | 合計 | | 学校名 | 合計 | | 学校名 | 合計 |
|---|---|---|---|---|---|---|---|---|
| 団体 | 愛知県立大学 | 16 | | 神戸市外国語大学 | 11 | 団体 | 長崎大学 | 40 |
| | 愛知大学 | 19 | 団体 | 国際教養大学 | 33 | 団体 | 名古屋外国語大学 | 30 |
| 団体 | 青山学院大学 | 73 | | 滋賀医科大学 | 28 | | 名古屋大学 | 10 |
| 団体 | 秋田大学 | 13 | 団体 | 順天堂大学 | 16 | 団体 | 奈良女子大学 | 10 |
| 団体 | 跡見学園女子大学 | 14 | 団体 | 上智大学 | 71 | 団体 | 南山大学 | 29 |
| 団体 | 茨城キリスト教大学 | 18 | 団体 | 昭和女子大学 | 31 | | 新潟大学 | 10 |
| | 岩手大学 | 13 | 団体 | 白百合女子大学 | 78 | | 日本女子大学 | 14 |
| 団体 | 愛媛大学 | 10 | 団体 | 椙山女学園大学 | 20 | 団体 | 日本大学 | 27 |
| 団体 | 大阪教育大学 | 11 | 団体 | 成城大学 | 44 | 団体 | 広島修道大学 | 10 |
| 団体 | 大阪大学 | 40 | 団体 | 聖心女子大学 | 27 | 団体 | 広島大学 | 14 |
| 団体 | お茶の水女子大学 | 38 | 団体 | 西南学院大学 | 21 | 団体 | フェリス女学院大学 | 14 |
| | 香川大学 | 15 | | 大東文化大学 | 18 | 団体 | 福岡大学 | 31 |
| 団体 | 学習院大学 | 63 | 団体 | 千葉大学 | 16 | 団体 | 法政大学 | 41 |
| 団体 | 金沢大学 | 20 | 団体 | 中央大学 | 63 | | 北海道大学 | 13 |
| | 関西大学 | 15 | | 筑波大学 | 13 | | 松山大学 | 10 |
| | 関西学院大学 | 45 | | 津田塾大学 | 16 | 団体 | 武庫川女子大学 | 12 |
| 団体 | 九州大学 | 17 | 団体 | 都留文科大学 | 11 | 団体 | 武蔵大学 | 43 |
| 団体 | 京都外国語大学 | 68 | 団体 | 帝京大学 | 15 | 団体 | 武蔵野美術大学 | 13 |
| 団体 | 京都産業大学 | 32 | 団体 | 東海大学 | 22 | 団体 | 明治学院大学 | 90 |
| 団体 | 京都女子大学 | 15 | | 東京外国語大学 | 14 | 団体 | 明治大学 | 108 |
| 団体 | 京都市立芸術大学 | 13 | | 東京大学 | 41 | | 盛岡大学 | 12 |
| 団体 | 京都大学 | 25 | | 東京都立大学 | 17 | 団体 | 立教大学 | 71 |
| 団体 | 共立女子大学 | 33 | | 同志社大学 | 22 | 団体 | 立命館大学 | 39 |
| | 近畿大学 | 13 | | 東北大学 | 109 | 団体 | 龍谷大学 | 12 |
| 団体 | 金城学院大学 | 35 | | 東洋大学 | 48 | 団体 | 早稲田大学 | 136 |
| 団体 | 群馬県立女子大学 | 10 | 団体 | 獨協大学 | 59 | | | |
| 団体 | 慶應義塾大学 | 138 | 団体 | 長崎外国語大学 | 32 | | | |

## 2022 年度春季　＜小・中・高校・専門学校別出願状況＞

出願者数合計が 5 名以上の学校を抜粋しました（50 音順）。

| | 学校名 | 合計 | | 学校名 | 合計 | | 学校名 | 合計 |
|---|---|---|---|---|---|---|---|---|
| 団体 | アサンプション国際中学校・高等学校 | 37 | 団体 | 慶應義塾高等学校 | 5 | 団体 | 日本外国語専門学校 | 21 |
| 団体 | 埼玉県立伊奈学園総合高等学校 | 28 | | 慶應義塾湘南藤沢中・高等部 | 7 | 団体 | 福島県立福島南高等学校 | 29 |
| 団体 | 東京都立桜修館中等教育学校 | 5 | | 慶應義塾女子高等学校 | 5 | 団体 | 雙葉中学校・高等学校 | 12 |
| 団体 | 大妻中野中学校・高等学校 | 39 | 団体 | 啓明学園中学校・高等学校 | 14 | 団体 | 北海道札幌国際情報高等学校 | 8 |
| | 学習院女子中・高等科 | 11 | | 神戸国際中学校・高等学校 | 12 | 団体 | 神奈川県立横浜国際高等学校 | 33 |
| 団体 | カリタス女子中学高等学校 | 80 | 団体 | 岩手県立不来方高等学校 | 6 | 団体 | 立命館宇治中学校・高等学校 | 20 |
| | 神田外語学院 | 12 | 団体 | 白百合学園中学高等学校 | 83 | 団体 | 埼玉県立和光国際高等学校 | 5 |
| 団体 | 暁星国際中学・高等学校 | 5 | 団体 | 聖ウルスラ学院英智高等学校 | 56 | 団体 | 早稲田大学高等学院 | 13 |
| 団体 | 暁星国際流山小学校 | 14 | 団体 | 聖ドミニコ学園中学高等学校 | 30 | | | |
| 団体 | 暁星中学・高等学校 | 42 | 団体 | 同志社国際中学校・高等学校 | 6 | | | |

## 2022 年度秋季　＜大学・短大別出願状況＞

出願者数合計が 10 名以上の学校を抜粋しました（50 音順）。

| | 学　校　名 | 合計 | | 学　校　名 | 合計 | | 学　校　名 | 合計 |
|---|---|---|---|---|---|---|---|---|
| 団体 | 愛知県立大学 | 29 | | 滋賀医科大学 | 15 | 団体 | 富山大学 | 21 |
| | 愛知大学 | 23 | | 島根大学 | 81 | 団体 | 長崎外国語大学 | 26 |
| 団体 | 青山学院大学 | 92 | 団体 | 順天堂大学 | 191 | 団体 | 長崎大学 | 33 |
| 団体 | 秋田大学 | 11 | 団体 | 上智大学 | 101 | 団体 | 名古屋外国語大学 | 28 |
| 団体 | 亜細亜大学 | 54 | 団体 | 昭和女子大学 | 34 | 団体 | 奈良女子大学 | 16 |
| 団体 | 跡見学園女子大学 | 36 | 団体 | 白百合女子大学 | 89 | 団体 | 南山大学 | 41 |
| 団体 | 茨城キリスト教大学 | 39 | 団体 | 椙山女学園大学 | 19 | | 新潟大学 | 10 |
| | 岩手大学 | 13 | 団体 | 成城大学 | 73 | | 日本女子大学 | 24 |
| 団体 | 愛媛大学 | 14 | 団体 | 聖心女子大学 | 38 | 団体 | 日本大学 | 56 |
| 団体 | 大阪教育大学 | 18 | 団体 | 西南学院大学 | 29 | 団体 | 広島修道大学 | 13 |
| 団体 | 大阪大学 | 96 | | 専修大学 | 23 | 団体 | 広島大学 | 10 |
| 団体 | お茶の水女子大学 | 38 | 団体 | 創価大学 | 10 | 団体 | 福岡女子大学 | 20 |
| 団体 | 学習院大学 | 160 | | 大東文化大学 | 31 | 団体 | 福岡大学 | 73 |
| 団体 | 神奈川大学 | 10 | 団体 | 拓殖大学 | 73 | | 福島大学 | 10 |
| 団体 | 金沢大学 | 26 | 団体 | 千葉大学 | 14 | 団体 | 法政大学 | 50 |
| | 関西大学 | 26 | 団体 | 中央大学 | 106 | | 北星学園大学 | 20 |
| | 関西学院大学 | 63 | | 中京大学 | 10 | | 松山大学 | 15 |
| 団体 | 神田外語大学 | 12 | | 津田塾大学 | 22 | 団体 | 武庫川女子大学 | 82 |
| 団体 | 九州大学 | 39 | 団体 | 帝京大学 | 29 | 団体 | 武蔵大学 | 57 |
| 団体 | 京都外国語大学 | 60 | 団体 | 東海大学 | 44 | 団体 | 武蔵野美術大学 | 10 |
| 団体 | 京都産業大学 | 112 | | 東京外国語大学 | 10 | 団体 | 明治学院大学 | 116 |
| 団体 | 京都女子大学 | 20 | | 東京大学 | 47 | 団体 | 明治大学 | 173 |
| 団体 | 京都大学 | 24 | | 東京都立大学 | 15 | | 名城大学 | 14 |
| 団体 | 共立女子大学 | 51 | | 東京理科大学 | 13 | | 盛岡大学 | 14 |
| | 近畿大学 | 15 | 団体 | 同志社女子大学 | 12 | 団体 | 山形大学 | 44 |
| 団体 | 金城学院大学 | 41 | | 同志社大学 | 33 | | 横浜国立大学 | 13 |
| 団体 | 慶應義塾大学 | 346 | 団体 | 東北学院大学 | 11 | 団体 | 立教大学 | 216 |
| | 神戸市外国語大学 | 11 | | 東北大学 | 177 | 団体 | 立命館大学 | 67 |
| 団体 | 國學院大學 | 11 | | 東洋大学 | 85 | 団体 | 龍谷大学 | 11 |
| 団体 | 国際教養大学 | 37 | 団体 | 常葉大学 | 21 | 団体 | 早稲田大学 | 276 |
| 団体 | 駒澤大学 | 10 | 団体 | 獨協大学 | 58 | | | |

## 2022 年度秋季　＜小・中・高校・専門学校別出願状況＞

出願者数合計が 5 名以上の学校を抜粋しました（50 音順）。

| | 学　校　名 | 合計 | | 学　校　名 | 合計 | | 学　校　名 | 合計 |
|---|---|---|---|---|---|---|---|---|
| 団体 | アサンプション国際中学校・高等学校 | 26 | 団体 | 暁星国際流山小学校 | 16 | 団体 | 聖ウルスラ学院英智高等学校 | 5 |
| 団体 | 埼玉県立伊奈学園総合高等学校 | 16 | 団体 | 暁星中学・高等学校 | 38 | 団体 | 聖ドミニコ学園中学高等学校 | 25 |
| 団体 | 大妻中野中学校・高等学校 | 74 | 団体 | 慶應義塾高等学校 | 7 | 団体 | 兵庫県立宝塚西高等学校 | 8 |
| | 学習院女子中・高等科 | 5 | | 慶應義塾湘南藤沢中・高等部 | 8 | 団体 | 日本外国語専門学校 | 17 |
| 団体 | 神奈川県立神奈川総合高等学校 | 5 | | 慶應義塾女子高等学校 | 8 | 団体 | 東京都立日比谷高等学校 | 17 |
| 団体 | カリタス小学校 | 58 | 団体 | 神戸海星女子学院中学・高等学校 | 69 | 団体 | 雙葉中学校・高等学校 | 7 |
| 団体 | カリタス女子中学高等学校 | 102 | | 神戸国際中学校・高等学校 | 7 | 団体 | 東京都立三田高等学校 | 19 |
| | 神田外語学院 | 11 | 団体 | 岩手県立不来方高等学校 | 5 | 団体 | 神奈川県立横浜国際高等学校 | 25 |
| 団体 | 東京都立北園高等学校 | 12 | 団体 | 湘南白百合学園中学・高等学校 | 14 | 団体 | 流通経済大学付属柏高等学校 | 6 |
| 団体 | 暁星国際小学校 | 7 | 団体 | 白百合学園中学高等学校 | 129 | 団体 | 埼玉県立和光国際高等学校 | 10 |
| 団体 | 暁星国際中学・高等学校 | 7 | 団体 | 大阪府立住吉高等学校 | 10 | 団体 | 早稲田大学高等学院 | 74 |

文部科学省後援
実用フランス語技能検定試験
**2023 年度版 1 級・準 1 級**
**仏検公式ガイドブック**

**定価　3,190 円**
**（本体 2,900 円＋税 10 %）**

2023 年 4 月15日 発行

編　者
発行者　公益財団法人　フランス語教育振興協会

発行所　公益財団法人　**フランス語教育振興協会**
〒102-0073 東京都千代田区九段北 1-8-1 九段101ビル 6F
電話 (03) 3230-1603　FAX (03) 3239-3157
https://apefdapf.org

発売所　（株）**駿　河　台　出　版　社**
〒101-0062 東京都千代田区神田駿河台 3-7
振替口座 00190-3-56669番
電話 (03) 3291-1676（代） FAX (03) 3291-1675
http://www.e-surugadai.com
ISBN978-4-411-90303-7　C0085　￥2900E